hommes & montagnes

Leurs montagnes

Illustration de couverture : Lauriane Miara

Prépresse : Glénat Production

Couvent Sainte-Cécile
37 rue Servan
38000 Grenoble
www.glenat.com

ISBN : 978-2-344-05895-4
Dépôt légal : septembre 2023

PEFC PEFC/14-38-00302

Fabrice Lardreau

—

Leurs montagnes

32 personnalités racontent

Préface Étienne Klein

Glénat

Préface

Il reste toujours quelque chose de l'enfance, toujours...
Marguerite Duras

Il existe déjà mille et une bonnes raisons de déplorer qu'Albert Einstein ait eu un jour la mauvaise idée de mourir. Qui plus est il y a fort longtemps. Mais comme si la longue liste ne suffisait pas, il en est une supplémentaire, non des moindres, que la lecture de ce livre fait surgir en contrepoint: faute de l'avoir jamais croisé dans l'espace-temps, Fabrice Lardreau n'a pas pu rédiger le portrait du père de la relativité. L'exercice aurait été forcément savoureux et instructif: d'une part, parce que notre auteur est un véritable écrivain, styliste au bon sens du terme, d'autre part, parce qu'Albert Einstein, qui fut à sa manière un grand amoureux de la montagne, eût été pour lui – donc aussi pour ses lecteurs – un «bon client».

Durant l'année scolaire qu'il passa en Suisse, à Aarau, afin de préparer le concours d'entrée au *Polytechnicum* de Zurich, le jeune Albert partait chaque week-end en randonnée en compagnie d'autres élèves. La petite troupe allait guetter les oiseaux rares, lagopèdes alpins et autres venturons montagnards, au milieu des jacinthes, des renoncules, des saxifrages et des rhododendrons, dans un silence seulement troublé par les voix étouffées, le bourdonnement des insectes et les cloches des vaches. Un jour, ils firent même une excursion de trois jours pendant laquelle ils atteignirent le sommet du mont Säntis qui culmine à 2 502 mètres, au-dessus de Saint-Gall. Par la suite, et jusqu'à son départ pour les États-Unis en 1933, Einstein conservera ce goût pour les promenades alpestres, qui deviendraient pour lui une grande source d'inspiration. Car chacun le sait bien : lorsqu'on marche sur un sentier, l'esprit s'aère, se rassemble, s'apaise, se pose, parfois bifurque, et découvre alors des paysages insoupçonnés. C'est Gérard de Nerval, dont je ne crois pas savoir qu'il fût un montagnard aguerri (preuve que l'enseignement peut se faire à distance), qui a su le mieux dire la chose : « Un esprit s'accroît sous l'écorce des pierres ».

J'ai la chance de connaître personnellement un tiers environ des personnes dont vous vous apprêtez à découvrir le rapport qu'elles ont avec la montagne, mais je n'ai jamais ni randonné ni grimpé avec elles. Je puis affirmer qu'après avoir lu leur portrait, j'en ai certes appris sur elles, mais pas au point d'en avoir été surpris. Tout semble se passer comme si le spectacle et la fréquentation des hauteurs sculptaient au sein des êtres une topographie intérieure qui rayonne fidèlement à l'extérieur d'elle-même. En clair, un montagnard, cela se reconnaît !

Certains des personnages de ce livre sont de véritables alpinistes, voire des matadors de la verticale, d'autres ont un rapport plus esthétique ou plus épicurien à la montagne, d'autres encore sont de simples « marcheurs qui musardent », pour parler comme Pascal Bruckner. Mais ils ont un point commun : tous se sentent davantage chez eux en montagne qu'ailleurs. Cela proviendrait-il de leur psychisme qui serait « ascensionnel » ? De la variété des reliefs montagneux qui épouserait celle de leurs états d'âme ? De leur goût pour l'effort physique à l'air libre ? Du spectacle magnifique et récurrent de la neige qui tombe ? Après tout, Émile Zola publia un jour de janvier 1867 un bel article sur l'arrivée de la neige à Paris, dans lequel il reconnaissait que cela le rendait « tout bêtement joyeux »...

Ce qui ressort des pages qui vont suivre, c'est que la pratique de la montagne n'est jamais une activité anodine, un loisir que l'on aurait choisi «comme ça en passant». Pour ceux qui s'y adonnent, elle s'apparente rarement à un sport ou à une «occupation»: la montagne, quelle que soit la façon qu'on a de la vivre, accompagne l'existence, lui offre un sens et une intensité supplémentaires. Mais ce qui me frappe, c'est que dans presque tous les «cas» ici présentés, le nœud de toute l'affaire s'est joué très tôt, dans l'enfance ou l'adolescence. Comme s'il s'agissait d'y retourner, de prolonger l'une ou l'autre par l'exercice ritualisé d'une forme de fidélité à soi-même (on me permettra de préciser ici que tel ne fut point mon cas, victime que je fus d'un coup de foudre fort tardif…).

Fabrice Lardreau sait enchaîner les mots qui saisissent les contours d'une personnalité, interprète les phrases aussi bien que les silences, raconte les âmes, les corps, et même le temps qui passe. Rien d'étonnant à ce qu'il soit par ailleurs le directeur de la collection *Versant intime*, dont l'anagramme est… *sentiment vrai!* Il est des hasards qui n'en sont pas.

Étienne Klein

Avant-propos

Cet ouvrage rassemble une sélection de portraits parus depuis 2013 dans *La Montagne et Alpinisme*[1], la revue de la Fédération française des clubs alpins et de montagne (FFCAM), ainsi que dans la revue *Long cours*. Ces trente-deux portraits sont des instantanés. Ils éclairent un personnage à un moment précis de son parcours et, parfois, évoquent des œuvres encore en gestation (livre, film, album), des programmes scientifiques en cours, des voyages rêvés, dont la plupart sont aujourd'hui concrétisés...

Chacune des femmes, chacun des hommes qui se racontent ici ont représenté pour moi une rencontre. Quels que soient leur domaine d'activité, leur milieu d'origine, leur histoire ou encore leur génération, ils m'ont permis d'éclairer une facette nouvelle de la montagne, un pan humain insoupçonné. Pour mon plus grand bonheur – et j'espère aussi pour celui du lecteur –, le milieu montagnard a des ressources inépuisables: il se recombine sans cesse et offre en permanence de nouvelles expériences.

Durant la décennie qui sépare les premiers des derniers portraits, j'ai suivi avec intérêt le parcours des hommes et des femmes dont j'ai partagé un moment: livre après livre, film après film, je voyais des œuvres se construire ou se prolonger, gagner en ampleur, obtenir la reconnaissance publique et critique.

1. Publiée depuis 1955 par le Club alpin français et le Groupe de haute montagne (GHM), *La Montagne et Alpinisme* est l'héritière de *L'Annuaire du Club alpin français*, (créé en 1874) et de *La Montagne* (1905).

J'ai aussi appris avec tristesse la disparition de trois personnalités marquantes : Axel Kahn, Michel Butor et, tout récemment, Jean-Louis Murat. Ces hommes m'ont beaucoup appris. Du premier, je revois le petit bureau de l'hôpital Cochin où il m'avait reçu très simplement ; du deuxième, je me souviens du chalet de Lucinges, au-dessus d'Annemasse, dominant une mer de nuages ; du troisième, enfin, j'ai en tête le « Col de la Croix-Morand », chanson magique et envoûtante, véritable hymne à la montagne :

« Pour ce monde oublié
ce royaume enneigé
j'éprouve un sentiment profond... »

Tous ces portraits sont associés à un moment, à un lieu, ainsi qu'à une voix : ce sont des instants privilégiés, pour moi, déclencheurs d'images et d'histoires dont je ne me lasse jamais...

Fabrice Lardreau

Éric Antoine

Magicien humoriste

Décembre 2021

Ses premiers souvenirs évoquent les photos floues d'un album de famille, clichés aux bords dentelés où il apparaît bébé, en combinaison, allongé dans la poudreuse. *Famille.* Ce mot définit son lien viscéral à la vallée chamoniarde. Chasseur alpin, son grand-père maternel possédait un appartement situé au-dessus du casino de Chamonix. Sa grand-mère résidait près des télécabines qui mènent à Planpraz. Quant à sa mère, skieuse de haut niveau, spécialiste du super-géant et de la descente, elle était remplaçante dans l'équipe italienne de ski. Ajoutons à cette liste des cousines et cousins domiciliés à Argentière, au fond de la vallée, ainsi qu'un oncle habitant le village des Praz... Assez naturellement, dès la prime enfance, alors qu'il vit en région parisienne, Éric Antoine passe plusieurs mois par an à Chamonix, en toutes saisons: ski à Noël, février et Pâques; randonnée pendant une bonne moitié de l'été. Il se souvient encore, alors qu'il avait six ou sept ans, de la silhouette de Maurice Herzog, qu'il croisait régulièrement en ville. Le vainqueur de l'Annapurna habitait à l'époque la villa de la Tournette, juste derrière le casino (devenue depuis, sous la houlette d'André Manoukian, la Maison des artistes). «Il me faisait peur avec ses doigts manquants; à chaque fois que je le voyais, je flippais! "Pourquoi il a pas de doigts, le monsieur?"

Ça renvoyait à un autre rapport à la montagne, qui fait un peu peur, qui blesse aussi… Ma mère, mon grand-père et ma grand-mère sont enterrés là-bas ; on s'aperçoit en se rendant au cimetière que la montagne laisse ses marques dans les familles… »

Élevé par des passionnés expérimentés, il est vite initié aux activités de montagne et à leurs techniques. Il sc revoit l'année de ses dix ans aux Grands Montets, sur des pentes raides non damées, suivant sa mère et son grand-père, avec lesquels il dévale 2500 mètres de dénivelé. Ce souvenir fondateur marque sa première grande émotion en altitude. « J'ai puisé lors de cette journée un amour, une fascination pour cette montagne alpine très sauvage, parfois dangereuse, qu'il faut respecter. Elle incarne aussi pour moi des sentiments mêlés de liberté, de solitude et de partage d'un effort. » Les plaisirs et sensations de la glisse, mais aussi l'effort de la randonnée estivale… Il se souvient, tout petit, d'une journée passée dans le parc de Merlet, évoquant les animaux qu'il observait autour de lui, chamois, bouquetins, castors, ainsi que le panorama qui s'offrait à ses yeux : mont Blanc, vallée Blanche et glacier des Bossons… « La ligne que forment le mont Blanc, le mont Maudit, le mont Blanc du Tacul et l'aiguille du Midi est mythique ! C'est un tableau unique au monde… » Au fil des années, il va arpenter tous les versants chamoniards, partant pour de longues marches, notamment dans le massif des Aiguilles-Rouges. Les panoramas qu'il découvre sont une école du regard et de la sensibilité : « La montagne est vraiment ce que je trouve de plus beau au monde ! »

Synonyme de partage, d'émerveillement sans cesse renouvelé, la montagne constitue l'ADN familial ; elle dessine une topographie intime où les souvenirs peuvent être convoqués, parfois surgir à l'improviste, à la manière d'une madeleine d'altitude, puissante et salvatrice. Si les sommets, pour Éric Antoine, écrivent le récit filial, ils recoupent aussi d'autres histoires, plus larges. Son grand-père chasseur alpin a combattu pendant la

Seconde Guerre mondiale. Avec son bataillon, il a dû affronter en pleine montagne une section autrichienne. Pour éviter une lutte fratricide entre montagnards, les Français, de nuit, sont allés tuer le capitaine autrichien. Une fois celui-ci éliminé, ses hommes, n'ayant plus de chef, sont venus serrer la main des Français, estimant qu'ils n'avaient plus de raisons de se battre, qu'ils étaient liés par la même appartenance au monde de la montagne. « Cette histoire est assez connue à Chamonix. Mon grand-père a pris par la suite le maquis au Grand-Bornand. Avec ses compagnons d'armes, il a retrouvé ces Autrichiens après la guerre. Il les a revus tous les ans... Cet esprit combattant s'est transmis dans la famille, c'est quelque chose de très fort, de très présent pour moi... »

La géopolitique, mais aussi la géologie. Chaque fois qu'il vient à Chamonix, il est ébloui par l'aspect monumental des sommets qui expriment la puissance de la Terre et les forces telluriques. « Dans ce “jeune” massif alpin, ces plaques qui se rencontrent, ces sommets qui continuent à grimper année après année, ces petits tremblements de terre qu'on ressent dans la vallée, me fascinent ! » Et de faire remarquer que depuis sa naissance en 1976, le mont Blanc a grandi plus vite que lui : « Quand j'étais gamin, il faisait je crois 4 806 mètres, maintenant 4 809 mètres, donc il a pris trois mètres pendant que je n'en ai pris que deux ! » Éric Antoine, qui se définit avec humour comme « le plus grand magicien du monde par la taille, pas par le talent », mesure en effet 2,07 mètres (« 2 mètres + 7 centimètres d'érection capillaire »). Il souffre à l'adolescence de très importantes crises de croissance qui le tiennent alité. C'est durant cette période qu'il se passionne pour la magie. Il se forme aux métiers de la scène en suivant l'École internationale de théâtre de Jacques Lecoq (où il rencontre sa femme Calista) et en prenant des cours au Charpentier Art Studio où il apprend le mime, le mélodrame, la comédie et le jeu de clown. Admirateur de Woody Allen, s'inspirant notamment de l'humour juif, il écrit, met en scène et interprète en 2000 son premier spectacle, *La Journée d'un magicien*, dans lequel il allie magie et comédie. Au fil des spectacles – *Réalité ou Illusion?*, *Mysteric*, ou encore *Magic Delirium* –, le style Éric Antoine s'affirme : avec lui, ni assistante sexy ni lapin sortant d'un chapeau, mais des tours bluffants ponctués de poésie et d'humour. Il est accompagné sur scène d'un assistant habillé en noir et persuadé d'être invisible, nommé Bernard Black (joué par son épouse). Cet artiste au talent généreux a contribué à moderniser l'image un rien ringarde du magicien. Comédien-comique-illusionniste au look de savant fou, à la coiffure ébouriffante, il partage au cours de ses prestations ses réflexions décalées sur la vie, les lois de la physique ou encore l'amour… Éric Antoine entraîne le spectateur dans un délirant voyage fait de rêve, de rires et d'illusion où chacun, quel que soit son âge, retrouve son âme et ses émerveillements d'enfant.

Star de la magie française – sa statue est au musée Grévin ! –, Éric Antoine est aussi un homme engagé. Il a notamment participé à l'émission TV *Rire contre le racisme*, et parraine l'association « Magie à l'hôpital », avec laquelle il réalise des spectacles pour des enfants hospitalisés. Dans ce tourbillon de la célébrité, la montagne apparaît comme un espace de vérité et d'humilité, une vieille amie avec laquelle on ne peut pas tricher : avec sa météo changeante, sa dureté parfois implacable, ce milieu apprend à côtoyer les éléments, et s'avère extrêmement pédagogique. Cela constitue une leçon de vie et de simplicité, quand on connaît un succès artistique comme le sien, quand tout le monde vous dit "c'est super !" « Je peux très vite monter dans les tours, prendre l'ego, et la montagne, par l'évidence qu'elle exprime, vous renvoie à votre vulnérabilité, suscite un rapport au monde et à l'autre beaucoup plus simple, sain. En ce sens, je peux dire que la montagne, que j'ai à cœur de partager avec mes enfants, de transmettre à mon tour, est vraiment mon premier professeur. » Guide intérieur, la montagne a toujours accompagné Éric Antoine. Si elle est pour lui un motif d'émerveillement et de rêverie, elle constitue aussi une source de tristesse et de désolation, tant elle est affectée par le réchauffement climatique, notamment en vallée de Chamonix, une des plus polluées de France. «En confrontant mes souvenirs d'enfant à ce que j'observe aujourd'hui en tant qu'adulte, j'ai l'impression que cet endroit est méconnaissable; la neige disparaît du panorama, les glaciers ne cessent de reculer... Le contraste est encore plus violent si je me réfère à ce que les générations qui m'ont précédé connaissaient...» Et de citer un dessin au fusain exécuté en 1909 par son arrière-grand-père maternel, depuis le Lavancher, petit village entre Argentière et Chamonix: «un autre monde!»

Éric Antoine vit depuis onze ans en Provence, près de la montagne Sainte-Victoire, sur les flancs de laquelle il va très souvent marcher. Ce sommet célébré par Cézanne, qu'il voit de ses fenêtres, comme un contrefort des Alpes, est une source de bonheur permanente: «Ça me rend joyeux de voir cette Provence un peu montagnarde, de retrouver ces balades qui grimpent, qui montent, qui descendent, ces panoramas qui s'ouvrent et se ferment...» Malgré leurs couleurs, leurs odeurs spécifiques, thym, pin, romarin, les montagnes provençales sont parentes avec leurs homologues alpines: «Il y a un fonds commun entre tous ces massifs, qu'il s'agisse des gens ou des paysages.» La montagne innerve tous les domaines de son existence, qu'elle semble relier. Pratiquant la méditation depuis plusieurs années, il retrouve dans les lacs de montagne un endroit idéal, hors du temps et hors du monde. «Quand je cherche un lieu exprimant l'apaisement et la sérénité, un lieu protégé où me réfugier, je pense à ces lacs de montagne à la fois isolés et fourmillant d'une vie incroyable!»

Le calme, mais aussi le souffle. Éric Antoine perçoit une profonde adéquation entre le souffle, le rythme de la marche en montagne, et celui de ses spectacles. Le rire est un souffle, un rythme qui nous met en symbiose et amène l'artiste à expirer/inspirer avec son public, à penser à la même vitesse, à être au diapason. De la même manière, lors de la marche en montagne, on se met au rythme des autres marcheurs avec lesquels on rentre en communion. « L'oxygène étant plus rare, l'accès plus difficile, on sent des choses de cet ordre-là, comme une espèce de nœud gordien, de grande bifurcation où plein de gens arrivent, où les énergies convergent… » À la suite de *Connexions*, spectacle en ligne initié en 2020, Éric Antoine a retrouvé le contact avec le public à travers sa nouvelle création, *Grandis un peu*. Après les Folies Bergère, à Paris, il reprendra la route pour sillonner notamment les villes des régions alpines. La montagne, au fond, est un peu la métaphore de son existence : « J'ai besoin d'une vie avec du relief, des ruptures de rythme, des découvertes constantes, comme cela se produit au cours d'une randonnée. Qu'est-ce qu'il y a derrière le prochain col ? Derrière la prochaine montagne ? Allez, on continue pour le découvrir… On s'en fait une autre ! C'est parti ! »

Rick Bass

Écrivain

—

Juin 2016

La montagne a d'abord été une idée puissante et obsédante : « J'ai grandi au Texas, loin des sommets, mais la montagne, que j'associais à l'Ouest américain (avec un O majuscule !) et à ses grands espaces, était dans mon esprit dès l'enfance. » Son premier contact avec cet univers a lieu lors de week-ends de ski dans le Colorado, dans les stations de Breckenridge et Steamboat Springs. Toutefois, comme il le souligne, voir les montagnes et y vivre est très différent... Son authentique rapport avec les sommets s'établit lorsqu'il a dix-huit ans, année où il part s'installer à Logan, dans l'Utah, pour étudier à l'université d'État, bâtie à flanc de montagne. Devant ces paysages, il explique avoir ressenti les émotions classiques de la grandeur et du défi physique imposé à qui souhaite y accéder. Pour autant, le sentiment le plus puissant qu'il a éprouvé à l'époque était celui d'un lien organique entre les montagnes d'Amérique, traversant le pays du nord au sud. Il se souvient en particulier d'un trajet en voiture de Salt Lake City jusqu'à Logan, effectué avec ses parents : kilomètre après kilomètre, les montagnes défilaient sans discontinuité ! « J'ai éprouvé le sentiment d'une formidable richesse. C'est quelque chose que j'aime et que je ressens encore aujourd'hui. Mon amour de la montagne est inentamé, j'aime les hautes chaînes dans lesquelles on peut se perdre; comme les Rocheuses, par exemple, qui s'étirent jusqu'à l'Arctique...»

Après avoir étudié la géologie, il va travailler pendant huit ans comme géologue pétrolier à Jackson (Mississipi). Cette période de sa vie, qu'il racontera plus tard dans un de ses livres, *Oil notes*, est selon lui très instructive: la géologie est une école du regard aidant à comprendre et à étudier ce qui est souterrain, enterré. Rick Bass voit d'ailleurs des analogies entre la géologie et l'écriture: il s'agit à chaque fois de chercher, avec très peu d'indices, quelque chose de caché sous la surface et qui nous dépasse. Admirateur de Thomas McGuane, Raymond Carver et Jim Harrison, il commence à cette époque à composer ses premières nouvelles, pratiquant l'écriture en autodidacte. Toutefois, les montagnes lui manquent. Durant l'été 1987, avec sa femme Elizabeth, artiste peintre, il décide de partir afin de s'installer dans un endroit où l'aspect sauvage de la nature serait poussé à l'extrême. Critère ultime de l'intimité souhaitée: «pouvoir se promener tout nu si l'on en a envie». Le couple va explorer plusieurs États comme le Colorado, le Wyoming, ou encore l'Utah du Sud, avant de se fixer sur la vallée du Yaak, dans le nord-ouest du Montana, à la frontière du Canada et des États-Unis.

Jadis territoire de chasse des Indiens, la vallée du Yaak (qui signifie «flèche» en langage kootenai) se déploie sur une bande de terre étroite séparant les montagnes abruptes du nord des Rocheuses des forêts humides du Nord-Ouest Pacifique. L'endroit où s'installe Rick Bass se situe à une dizaine de kilomètres de la première petite «ville», qui compte deux bars, un magasin général et un téléphone public à ciel ouvert – «sans doute le plus froid du monde» –, où une souche fait office de tabouret. Traversée par la Yaak river, la vallée compte une centaine d'habitants dont les maisons, pour la plupart, n'ont ni téléphone ni électricité. À quoi ressemble la vie dans un tel environnement? Comment s'y adapter? Rick Bass raconte son premier hiver là-bas dans *Winter*.

Dans ce livre fondateur, l'auteur tient son journal de la mi-septembre à la mi-mars. «Alors comme ça, vous allez essayer de faire l'hiver ici?», lui demande-t-on. Cette saison, il le comprend, est ici un défi. Surtout lorsqu'on est deux personnes rêveuses: «Pour Elizabeth et moi, admet-il, tailler un crayon est en soi une grande aventure mécanique; nous sommes un peu artistes, un peu bohèmes.» Il va devoir manier une tronçonneuse afin de s'approvisionner en bois, apprendre à composer avec le silence, l'isolement et la rigueur du climat. «C'est un pays de lenteur, note-t-il. Un pays d'il y a longtemps. On apprend plus facilement certaines choses quand on les regarde arriver au ralenti.» Avec une grande économie de moyens, un humour jamais démenti et un formidable sens de l'observation, Rick Bass célèbre la beauté de cette vallée qu'il entrevoit comme «une sorte de marche menant au ciel, le dernier endroit par où l'on passe avant d'y arriver pour de bon».

S'il est sensible à la beauté des lieux, il préfère être en montagne plutôt que l'admirer de loin. Dès son arrivée dans le Montana, il reprend le ski. «J'ai toujours la vieille paire de skis et les chaussures en cuir que j'avais commandées par correspondance quand je vivais dans l'Utah. Comme beaucoup de gens de mon âge, je n'aime plus la foule des stations; je préfère le ski de randonnée ou le télémark, dont j'ai appris la technique avec mon ami Bill Johnson – un très bon professeur!» Le ski de randonnée est pour lui une source de plaisir, d'entretien physique, mais aussi et surtout de régénérescence intérieure. Dans un monde moderne où les pensées sont toujours fragmentées, où tout va vite, cette discipline permet de se retrouver, d'éprouver un sentiment d'unité. Lorsque l'on skie en pleine nature, on retrouve le lien originel avec la neige et la nature; on se sent connecté avec nos ancêtres qui évoluaient sur la glace et les premières neiges, il y a des milliers années. «C'est une sensation puissante dont on n'a pas clairement conscience, mais que nous n'avons pas oubliée.

On retrouve de vieux instincts. Ce phénomène se produit aussi lorsqu'on marche dans de hautes herbes... »

La marche en montagne, que l'on retrouve fréquemment dans ses livres, est aussi une activité importante pour lui. Excepté pendant la période de chasse, où ce rythme s'inverse, il écrit la plupart du temps le matin et part marcher l'après-midi, seul. « Je ne veux pas devoir attendre quelqu'un et préfère aller où bon me semble, à mon allure. Je ne veux pas non plus être tributaire d'un groupe, avoir à ralentir ou presser le pas, m'arrêter si quelqu'un a faim ou souhaite rentrer... » La randonnée peut être l'occasion de penser à ses écrits, de résoudre les problèmes d'une nouvelle, mais il apprécie aussi les longues plages de temps où l'on ne pense à rien, où l'on est totalement absorbé dans la marche... Rick Bass, qui doit prochainement gravir le Kilimandjaro avec sa fille, a pratiqué la randonnée sur tous les continents : il s'est rendu notamment dans les Carpates roumaines, au Ladakh, au Japon, dans les Andes et, bien sûr, à de nombreuses reprises en Alaska et au Canada. Le nord-est de la Colombie Britannique, une vallée majestueuse à l'écosystème unique que l'écrivain Edward Hoagland décrit dans *Journal d'un autre monde*[1], figure parmi ses endroits fétiches. Toutefois, comme il tient à le préciser, aucun sommet du Montana n'a sa préférence : « On ne peut isoler aucun élément de ces chaînes de montagnes qui sont liées de manière viscérale. Seul l'ensemble compte pour moi... »

Depuis qu'il s'est installé dans la vallée du Yaak, Rick Bass, qui ne se voit plus habiter un autre endroit, a appris à contrôler son impatience : « Mon inclinaison naturelle est de toujours aller vite, or apprendre prend du temps. J'apprends toujours, mais je suis conscient de cette tendance que je n'ai pas encore corrigée. Il y a des moments pour accélérer et d'autres pour ralentir. » Il a

1. Hoëbeke, 1999.

également intégré les rythmes, comme il le formule dans *Le Livre de Yaak*[2]: «À chaque nouvelle saison, je faisais moi-même l'apprentissage des cycles naturels. Mon corps adoptait un nouveau rythme: fendre des bûches par un matin froid, plumer une grouse le soir, plume à plume, comme un rituel consolateur. Repérer où le cerf affourage en été, puis en hiver, où les ours trouvent à se nourrir et quelle est leur nourriture. Prendre le pouls des différents cours d'eau.» Ce nouvel environnement a également été déterminant pour son activité d'écrivain. Sans être capable d'expliquer pourquoi, il est persuadé qu'il aurait écrit différemment s'il avait vécu dans un autre environnement, avec un espace différent. «J'ai besoin d'espace pour écrire; c'est lié au fait que je pense lentement; j'aime prendre le temps de développer une pensée en profondeur, et cela demande de l'espace autour de moi. Beaucoup de gens ont un esprit rapide, mais ils restent à la surface des choses faute de temps – cela ne veut pas dire que l'un soit supérieur à l'autre, plus intelligent. Ce lien entre temps et espace, où les deux paramètres interagissent et se modifient, est capital pour moi.»

Auteur d'une trentaine d'ouvrages, romans, nouvelles et essais, Rick Bass – qui a reçu notamment le Pushcart Prize et le O.Henry Award – s'inscrit dans la grande tradition américaine du *nature writing*, illustrée notamment par Melville, Walt Whitman, ou encore David Thoreau. «L'Amérique est principalement un pays d'immigrants, et tous mes livres traitent de leur rapport avec ce nouvel environnement. Nous racontons encore et encore la même histoire, qui nous a constitués, même si ce pays devient de plus en plus petit...» La vie en montagne l'a sensibilisé à la fragilité de la nature et aux menaces dont elle fait l'objet. «Quand je suis arrivé ici, j'étais émerveillé de voir la neige tomber; je

2. Gallmeister, 2007, p. 25.

me sentais riche en admirant ce spectacle. C'était une réaction d'ordre émotionnel. Avec le temps et les effets concrets du réchauffement climatique, j'ai complété ce regard d'une réflexion écologique ; cette neige, menacée, m'a paru encore plus précieuse pour le pays et pour les gens qui y vivent... » Menacée par les coupes à blanc des grandes compagnies forestières, la vallée du Yaak reçoit les émissions de carbone de l'État d'Alberta, dont les industries pétrolières et gazières sont spécialisées dans le secteur des sables bitumineux. Canicules, feux de forêts et inondations illustrent ici les rapides progrès du réchauffement climatique global. « En tant que chasseur, je l'observe dans les forêts. Je le vois un peu plus chaque année. C'est un constat scientifique, mathématique, on ne peut pas y échapper, ce n'est pas un conte ! »

Très engagé en matière de défense de l'environnement, Rick Bass milite au sein de la Montana Wilderness Association et des Round River Conservation Studies. En 1997, il a contribué à la création du Yaak Valley Forest Council, qui œuvre pour que la vallée du Yaak bénéficie du statut de zone naturelle protégée (la vallée abrite une faune et un écosystème d'une grande richesse). Avec les membres de son association, il se rend fréquemment à Washington afin de plaider leur cause auprès des membres du Congrès. Il organise par ailleurs de nombreuses réunions publiques, a levé des fonds pour restaurer la qualité de l'eau dans la région du mont Henry et élaboré un projet de gestion permanente d'une partie de la forêt, prenant en considération les besoins de tous les acteurs locaux: amateurs de 4x4 et de motoneiges, bûcherons, chefs d'entreprise, ouvriers et propriétaires de scieries, guides de chasse et de pêche... Malgré les menaces dont elle fait l'objet, les changements insidieux qu'on y observe – l'arrivée de nouvelles espèces comme les pies et les vautours –, la vallée demeure sauvage et relativement préservée: « C'est assez stable, pour l'instant. C'est encore un endroit magique constituant une forme de refuge contre les changements écologiques que l'on observe ailleurs dans l'Ouest...» Ainsi qu'il le formule dans la conclusion du *Livre de Yaak*[3], ce combat pour une vallée a une dimension universelle et humaniste: «Je refuse d'imaginer que la nature serait un anachronisme ou une relique du passé – un résidu de la période romantique, des Lumières, ou de toute autre chose sinon celle du souffle originel de la création. La nature est à la fois le fondement et la pierre angulaire de l'aventure humaine.»

3. Idem, p. 164.

Stéphanie Bodet

Grimpeuse et écrivaine

Septembre 2019

Un joli village aux toits ocre, sur le flanc sud du massif du Luberon, à une heure de route d'Avignon... Située à l'écart, accrochée à une colline, la maison est sobre, discrète. Depuis la terrasse, la vue porte jusqu'à la montagne Sainte-Victoire qu'on distingue au loin, masse bleutée s'élevant au-delà des rideaux d'arbres. L'air est doux et lumineux en cette mi-avril, mais chargé en pollen. Étant allergique, mon hôtesse, désolée, suggère de s'installer à l'intérieur, dans la pièce principale, où nous réaliserons l'entretien, attablés devant des tasses de thé (et d'excellentes plaquettes de chocolat). Grimpeuse et écrivaine, Stéphanie Bodet est un personnage gracieux dont la voix apaisante, parfois espiègle, exprime douceur, rêverie et fragilité. Avec Arnaud Petit, son mari et compagnon de cordée depuis vingt-huitans, elle forme un couple mythique de l'escalade moderne, ayant voyagé aux quatre coins du globe au gré d'aventures verticales. Après avoir vécu dans les Hautes-Alpes, au pied des falaises de Céüse, le duo s'est installé à l'automne 2018 dans cette commune du Vaucluse, proche du site d'escalade de Buoux. Stéphanie, qui considère sa maison comme son « camp de base », est très attachée aux lieux où elle habite. Elle a toujours eu besoin de trouver un refuge, une sorte d'abri: sans intérieur, on ne peut pas vraiment avoir de vie intérieure. «J'admire les gens capables d'écrire dans un café, d'avoir des idées dans la rue ou en altitude... Je suis solitaire, j'ai besoin de silence, d'une forme de retrait, pour avoir envie ensuite d'aller discuter et de rencontrer du monde. Je suis constamment à la recherche d'une forme d'équilibre: si je suis trop dans la sociabilité, je vais rapidement m'étioler, et la maison, le jardin, prolongent en quelque sorte mon espace intérieur.»

La montagne est d'abord une histoire de famille. Elle chausse des skis dès l'âge de deux ans et obtient sa première carte au Club alpin de Gap à sept ans. Originaires du Sud-Ouest, ses parents, amoureux de la nature qui représente pour eux un ressourcement vital, emmènent tous les week-ends leurs enfants randonner autour du col de Gleize, au-dessus de Gap, dans le Queyras ou le Dévoluy. «Mes souvenirs d'enfance sont associés à la nature, avec cette particularité que j'étais asthmatique, souffrant d'allergies. Cela provoquait en moi des sensations contradictoires, mêlant parfois souffrance et plaisir. Je me souviens de randos où je peinais un peu, mais ça m'a donné le goût de l'effort.» Passant par les Éclaireurs, les sorties du Club alpin, elle va faire un stage déterminant dans les Pyrénées, l'année de ses quatorze ans, autour du mont Perdu. Elle se souvient d'une évidence. «J'ai senti que j'étais vraiment faite pour ça, je me trouvais dans mon élément... Je me rappelle d'une sorte de résolution quasi adulte. Je me suis dit assez consciemment «voilà, j'aime ça, il faut vraiment que je fasse de l'escalade, que je m'y mette à fond».» Admiratrice de Catherine Destivelle et Patrick Edlinger, lectrice des magazines de montagne auxquels ses parents sont abonnés, Stéphanie Bodet comprend que l'escalade est bien plus qu'un sport. Peu adaptée au système scolaire traditionnel, dans lequel elle s'ennuie, fascinée par le côté «hippie» de ses idoles, elle entrevoit dans cette activité un art de vivre, la promesse d'une existence libre et décalée. Elle va commencer à grimper assidûment à seize ans, éprouvant au contact de la roche un apaisement. L'escalade, dans son esprit, n'est pas une affaire de casse-cou, mais au contraire une activité d'ancrage et d'équilibre : le grimpeur entretient des analogies avec le funambule, capable de s'ancrer sur quelque chose de léger, de trouver son appui sur presque rien. « Je doute pas mal dans la vie, et je pense que l'escalade m'a apporté une espèce de confiance, de solidité, une verticalité intérieure. Quand j'emmène des gens grimper, je le remarque souvent : ça leur donne cette assise… »

Manifestant des aptitudes exceptionnelles, Stéphanie va se tourner rapidement vers la compétition et participer à des épreuves régionales. À propos de cette période, elle dit avoir suivi « un mouvement », évoque le plaisir de grimper avec d'autres jeunes du même âge. Désirant voler de ses propres ailes, elle décide à dix-sept ans d'aller passer son bac à Aix-en-Provence et d'y intégrer le pôle escalade du CREPS[1]. L'escalade devient centrale dans son existence. Deux événements majeurs vont alors se produire, infléchissant le cours de sa vie. À dix-neuf ans, alors qu'elle a déjà remporté un titre au Championnat de France jeunes, elle rencontre Arnaud Petit, qui deviendra son mari et son compagnon de cordée. L'année suivante, sa sœur décède brutalement. Ce drame constitue un tournant, une sorte de réveil douloureux. Elle réalise que tout peut s'arrêter, très vite, qu'il faut vivre dès maintenant ce qui lui tient à cœur. « C'était troublant parce que mes parents avaient tout misé sur le bonheur familial, la petite tribu. Un édifice si fragile. Cette disparition m'a sans doute amenée à ne pas avoir d'enfants, à rechercher l'épanouissement ailleurs que dans la cellule familiale. Je suis très heureuse ainsi. » Vivre, donc, aimer, grimper, voyager, lire et écrire… Stéphanie va atteindre l'excellence dans le domaine de la compétition : elle remporte en 1999 la Coupe du monde d'escalade ainsi que

1. Centre de ressources d'expertise et de performance sportive.

les « X Games » de San Francisco, puis, l'année suivante, gagne l'épreuve d'escalade de difficulté de Chamonix. « Je ne suis pas une compétitrice dans l'âme. J'étais meilleure quand on ne m'attendait pas. S'il y a trop de pression, je ne suis pas dans mon élément. » L'épreuve de San Francisco figure parmi ses plus beaux souvenirs de compétition : elle évoque les grands blocs de sept mètres de haut disposés sur les quais, en bord de Pacifique, revoit le petit hôtel où elle logeait dans le quartier chinois, la maison de l'écrivain Jack Kerouac, les rues en pente de cette ville associée pour elle aux Beatniks...

Grimpeuse professionnelle, Stéphanie va sillonner la planète. Chaque compétition constitue l'ouverture sur un voyage potentiel, de nouvelles images, parfums, sensations... Elle revoit l'aéroport boueux d'Ekaterinbourg, dans l'Oural, sa chambre glaciale au chauffage en panne où elle lisait Nicolas Bouvier, le panneau de bois sommaire sur lequel étaient vissées les prises. Elle se souvient aussi de la propreté, de l'organisation impeccable en Autriche, ou encore des scones dégustés dans les rues de Birmingham, peu avant Noël... Elle a toujours associé la pratique de l'escalade au lieu où elle se trouvait, à ses lectures du moment, ces petits instants poétiques où l'on arpente des villes dans lesquelles on ne reviendra probablement jamais... « J'ai toujours eu l'impression d'être double, d'avoir deux facettes en dialogue permanent. Quand on doit accomplir quelque chose de précis, de professionnel, et qu'en même temps, on a un esprit rêveur, qui vagabonde sans cesse, il faut parvenir à faire coïncider l'ensemble. » Après avoir arrêté la compétition, Stéphanie va se consacrer, seule ou avec son mari, à l'escalade de grandes parois (*big walls*) sur tous les continents. Après un périple fondateur à Madagascar, elle gravira notamment *Eternal flame*, sur la Tour de Trango (Pakistan), *Freerider* sur El Capitan, au Yosemite (USA), *Babel*, au Maroc, ou encore *Lost in Translation*, en Chine. Elle a beaucoup appris lors de ces aventures, réalisées dans un monde moins connecté. « J'ai eu la chance de voyager à une époque où les réseaux sociaux étaient peu développés. Aujourd'hui, au lieu de vivre pleinement chaque instant, on les fait vivre en temps réel à des inconnus. Bien sûr, ce sont aussi de belles occasions de partager une passion mais je me demande si l'écran ne fait pas "écran" à l'expérience vécue. Certaines personnes parviennent à cloisonner leur image publique et leur vie intime. Je les admire car je n'ai pas cette capacité; j'ai besoin d'être pleinement dans ce que je fais. »

De ces périples naîtront des films, mais aussi et surtout des livres. Stéphanie Bodet publie en 2008 *Salto Angel*[2], qui relate l'ascension de la mythique paroi du Salto Angel, au Venezuela. Deux semaines intenses de vie en paroi partagées avec cinq compagnons. À travers ce premier ouvrage, elle exprime l'autre versant majeur de sa personnalité: la littérature. Titulaire d'un CAPES de Lettres modernes, Stéphanie nourrit depuis toujours une passion pour le livre et la lecture. « De santé fragile, souvent recluse dans ma chambre, je suis devenue une lectrice avide. » Un moyen d'évasion pour une enfant sensible et solitaire. Elle se souvient des volumes de la bibliothèque verte et rose, de la comtesse de Ségur et, plus tard, de la découverte des classiques comme Balzac, Zola et Flaubert. Stéphanie écrit depuis qu'elle est toute petite, mais a longtemps entretenu un complexe: « Je me disais qu'il y avait tellement de belles choses écrites: à quoi bon rajouter ma pauvre prose... J'avais mis la littérature sur un piédestal, c'était quelque chose d'inaccessible... » La rencontre avec Sylvain Tesson sera déterminante pour elle: l'écrivain, dont elle est aujourd'hui proche, et avec lequel elle va parfois grimper, l'incitera à présenter son manuscrit à Michel Guérin. Après ce coup d'essai, elle publiera *À la verticale de soi*[3], récit autobiographique qui touchera

2. Guérin.
3. Idem.

un large public, et un roman, *Habiter le monde*[4]. L'écriture et l'escalade ont de nombreux points communs, d'après elle, combinant des plages de solitude puis de partage, mais aussi une suite de choix à effectuer : que ce soit sur une paroi ou devant un écran (qui peut devenir un mur), on se trouve face à des difficultés qu'il faut résoudre et qui seront partagées au relais pour le grimpeur, ou avec le lecteur pour l'écrivain...

Lectrice éclectique, Stéphanie a un goût prononcé pour la poésie, dont de nombreux volumes figurent sur les étagères occupant les murs de sa maison : Philippe Jaccottet, Yves Bonnefoy, Bashô, Emily Dickinson, Henri Michaux... Les poètes incitent à aller à l'essentiel, à tendre vers un resserrement de la langue auquel elle aspire. Admiratrice de Nicolas Bouvier, dont *L'Usage du monde* l'a profondément marquée, elle est également une grande connaisseuse d'auteurs de voyage comme Ella Maillard, Alexandra David-Neel, Gary Snyder et Bruce Chatwin. L'hégémonie masculine au sein de la littérature de voyage a contribué à nourrir ses réflexions sur la place de la femme en montagne et dans la société. « Je me suis rendu compte que la plupart des aventuriers et auteurs que je lisais et admirais étaient des hommes. Or, il m'a semblé qu'en tant que femme, j'avais besoin de trouver des figures féminines et, surtout, de ne pas avoir l'homme comme référent systématique. » Grande lectrice de Simone de Beauvoir, dont les randonnées évoquées dans *La Force de l'âge* constituent pour elle un modèle de liberté, Stéphanie ne se reconnaît pourtant pas toujours dans certains courants féministes français réticents à évoquer une « nature » féminine, car elle a conscience de sa profonde différence physiologique d'avec les hommes. « Par rapport à mes compagnons de cordée, j'étais tributaire de cycles suscitant des baisses de forme. J'aurais parfois tant souhaité être débarrassée

4. L'Arpenteur, 2019.

des règles. Aujourd'hui, je sens combien ces phases perçues comme une faiblesse par notre société du rendement sont des instants de ressourcement. Elles offrent la possibilité d'une vie intérieure tout aussi précieuse à mes yeux que les moments où l'énergie est à son firmament.»

Elle a pu mettre des mots sur ces intuitions en lisant récemment Émilie Hache et Mona Chollet, autrices issues de «l'écoféminisme». Ce courant de pensée pointe des similitudes entre les comportements d'oppression des femmes dans les sociétés patriarcales et les comportements destructeurs vis-à-vis de l'environnement. «Dans nombre de pays, ce sont les femmes qui cultivent la terre. Elles sont souvent plus enclines à la protéger. Peut-être parce qu'elles ont été davantage en lien avec la nature au cours de l'évolution. Je ressens dans mon corps l'influence des éléments et suis sensible au changement des saisons. Le rocher me transmet sa paix, sa patience, et la lune m'apparaît comme un symbole de ma nature de femme.» Ces lectures, ce cheminement intérieur ont amené Stéphanie à reconsidérer sa vision de la femme dans le monde de la montagne. L'idée de groupes d'alpinisme exclusivement «féminins», qui lui aurait peut-être semblé absurde il y a quelques années, trouve aujourd'hui un écho en elle. «J'ai pris conscience que les rassemblements de grimpeuses répondaient à un besoin profond, à une quête d'autonomie et de partage. J'ai pu animer récemment un cercle de parole sur la manière de vivre plus sereinement les changements d'énergie que nous ressentons au cours de nos cycles, et j'ai été touchée par les témoignages de jeunes sportives qui se sentaient tiraillées par des désirs contraires. Accueillir ce que l'on est m'apparaît essentiel: cela aide à vivre plus apaisée et à se réconcilier avec les cycles naturels au sens large, ces saisons qui façonnent cette Terre à laquelle nous appartenons.»

Pascal Bonitzer

Cinéaste

Septembre 2016

Pascal Bonitzer m'a donné rendez-vous au café Beaubourg, face au centre Pompidou. Nous sommes au cœur de la capitale, bien loin des sommets, et pourtant ils exercent une fascination puissante sur mon interlocuteur... La montagne, explique-t-il d'entrée, est pour lui un élément romanesque et non un défi physique lié à l'ascension, à l'endurance, ou à quelque performance que ce soit. Peu sportif (il affirme être un skieur très moyen), il mène une vie extrêmement sédentaire... Avant d'aller concrètement en montagne, cet univers se résumait pour lui à la formule de *La Chèvre de Monsieur Seguin*: «La montagne devint violette...» Cette phrase exprime à peu près sa perception de la montagne, qu'il voit comme un élément crépusculaire. «Partir en montagne, pour un citadin comme moi, n'a pas le caractère paisible d'un séjour à la campagne ou à la mer. C'est tout le contraire: cela signifie aller vers quelque chose de plus désertique, de plus inquiétant, que j'associe à certains romans de Ramuz tels que *Derborence*, où la montagne s'écroule sur tout un village...»

Ce rapport inquiet à la montagne, cette présence diffuse de la mort associant onirisme et poésie, est lié en grande partie au premier contact de Pascal Bonitzer avec la montagne. L'année de ses dix ans, ses parents l'envoient en colonie de vacances, quelque part dans les Alpes... De ce séjour, qui semble se dérouler derrière un rideau de brume, il garde certaines images, brèves et incertaines: le nom de la colonie, Les Noisetiers, qui faisait vaguement rêver, le surnom du directeur, «tonton Albert», les marches en montagne, ou encore les terreurs enfantines (on l'oblige à manger poisson et viande rouge, qu'il déteste). Les vacances vont basculer car il tombe malade et reste alité pendant plusieurs jours avec une forte fièvre (plus de 40 °C). «J'ai fait des cauchemars épouvantables; j'étais plongé dans des délires terrifiants! C'est pourquoi la montagne, depuis, est toujours liée pour moi à une certaine fantasmagorie et à quelque chose d'inquiétant...» Comme beaucoup de jeunes citadins, il va par la suite aller régulièrement en vacances de neige, notamment à Méribel-les-Allues. Il se souvient de moments chaleureux, associés aux émois adolescents: les soirées «fondue», les boîtes de nuit, les premiers flirts et le ski, pratiqué avec un matériel encore rudimentaire: de longs skis en bois qu'il fallait farter, des chaussures en cuir tenues par des courroies... Rien à voir avec l'équipement ultramoderne actuel. «Même si je me cassais parfois la figure, j'aimais beaucoup le plaisir physique de la descente. C'était par contre plus compliqué quand il s'agissait de ramasser les skis – je suis un peu fatigué de naissance, l'idée de l'effort n'est pas forcément évidente pour moi.»

L'adolescence est aussi et surtout la période pendant laquelle Pascal Bonitzer découvre le cinéma. Il fréquente quasi quotidiennement les salles d'art et d'essai et les cinéclubs. À treize ans, il ressort en extase du Ranelagh, un cinéma de son quartier, après avoir vu *La Dame de Shangaï*. Deux ans plus tard, il découvrira *À bout de souffle*, qui représentera un choc encore plus grand. Après avoir obtenu une maîtrise de philosophie, il va entrer en 1969 aux prestigieux *Cahiers du cinéma*, où il travaille comme critique. À l'instar d'illustres prédécesseurs tels que François Truffaut ou Jean-Luc Godard, cette collaboration constituera une transition vers l'écriture, puis la réalisation de films. En 1975, il écrit pour René Allio son premier scénario, *Moi, Pierre Rivière, ayant égorgé ma mère, ma sœur et mon frère* (adapté du livre de Michel Foucault[1]). Cette collaboration signe le début d'une intense activité de scénariste. Il écrira pour de nombreux réalisateurs, parmi les plus prestigieux: André Téchiné, Raoul Ruiz, Benoît Jacquot, Barbet Schroeder, ou encore Jacques Rivette... Avec ce dernier, il adapte en 1986 un de ses romans fétiches, *Les Hauts de Hurlevent* d'Emily Brontë, dont le décor entretient des résonances avec la montagne. «Les landes du Yorkshire font partie intégrante de l'histoire; on peut y parcourir des kilomètres sans rencontrer âme qui vive; le climat est aussi rude, l'atmosphère aussi aride et dénudée qu'en montagne. Le personnage principal, Heathcliff, pourrait être d'ailleurs un montagnard...» Pascal Bonitzer assistera au tournage de *Hurlevent*, qui se déroulera dans les Causses, équivalent français de la lande anglaise.

En 1996, il passe derrière la caméra et réalise son premier long-métrage, *Encore*, qui obtient le prix Jean Vigo. Évoquant la crise de la cinquantaine d'un professeur de philosophie, ce film débute une trilogie autobiographique prolongée par *Rien sur Robert* et *Petites coupures*. Sous les traits de Jacky Berroyer, Fabrice Luchini, puis Daniel Auteuil, on y retrouve un personnage agité, instable, en proie à des mouvements contradictoires, tombant facilement amoureux et passant d'un point de vue à un autre... L'humour, l'autodérision, mais aussi un certain sens du déséquilibre (allant parfois jusqu'au malaise), reviennent dans l'univers de Pascal Bonitzer: «Je ne peux pas raconter une histoire si je n'arrive pas à trouver l'élément d'humour, qui surgit toujours quand le personnage est en déséquilibre. Dans tous mes films, mes personnages se cassent la gueule, ou se la font casser,

1. Julliard, 1973.

trébuchent, se mutilent, petitement… Je me suis cassé la jambe deux fois, mais jamais en montagne, toujours dans des circonstances stupides… »

Cette géographie affective, la plupart du temps filmée en décors naturels, croise parfois la mer ou… la montagne. Après avoir tourné une partie de *Rien sur Robert* dans la région de Thônes, au-dessus d'Annecy, durant un été, il réalise la quasi-totalité de *Petites coupures* en Isère, au cours d'un hiver. En France, note-t-il, la montagne est ce qui se rapprocherait le plus du désert. Aller en montagne, c'est aller vers une raréfaction de l'air comme de la population, et plus les choses se raréfient plus les rencontres sont intenses. « Étant parisien, ce dénuement m'attire comme mon contraire. C'est par cette fascination que je me suis laissé entraîner à imaginer une histoire qui s'y déroule. Le personnage, qui me ressemble, est confronté à cet environnement inconnu, avec le choc que ça représente – et aussi le comique qui peut en résulter. » Perdu entre sa femme et sa maîtresse, le personnage principal de *Petites coupures* (un journaliste incarné par Daniel Auteuil) vient rendre visite à son oncle, maire d'une petite commune de montagne en mal de réélection. Chargé de remettre un mystérieux message, il va se perdre dans une forêt obscure, à la manière du personnage de *La Divine Comédie*… Les paysages de montagne, dans ce film à l'atmosphère envoûtante, permettent d'exprimer de façon physique et concrète l'incertitude dans laquelle se débat le protagoniste. Les corps et les âmes réagissent de manière différente en altitude, analyse Pascal Bonitzer, qui entrevoit la montagne comme une dimension de l'autre. Dans cet environnement qui diffère singulièrement de la plaine, on peut se découvrir, changer, sortir de soi, quitter l'être social. La montagne, comme l'exprime la phrase de *La Chèvre de Monsieur Seguin*, comporte une part d'obscurité, c'est-à-dire d'incertitude et de hasard, où tout peut se passer… « La nuit et l'obscurité sont plus intenses en montagne qu'en ville, dont les réseaux d'éclairage tentent de contenir l'ombre. On y a accès à une obscurité physique et morale: tout ce que la ville tend à supprimer, la montagne est capable de le maintenir, de le révéler...» *Petites coupures* a été tourné dans le Rhône et surtout en Isère, à Grenoble, Corenc et Corps, où était basée l'équipe. Pascal Bonitzer garde un souvenir plutôt plaisant de ce tournage en montagne, où il devait gérer (fait nouveau pour lui) deux monstres sacrés du cinéma: Daniel Auteuil et Kristin Scott Thomas. Malgré la saison hivernale, il a dû composer avec les caprices de la météo: une température grimpant en milieu de journée jusqu'à 18 °C et une absence totale de neige, pourtant indispensable au scénario! «Nous avons été obligés de recourir à de la neige et à du brouillard artificiels. Ce n'est pas aussi beau, bien sûr, mais cela fait néanmoins partie des choses qui me plaisent dans le cinéma: créer artificiellement une atmosphère, jouer avec l'illusion...»

Révélateur des âmes, la montagne est aussi une terre de mysticisme pour Pascal Bonitzer, qui a filmé une longue séquence de *Petites coupures* à Notre-Dame de La Salette. Situé au sommet d'une montagne, près du village de La Salette-Fallavaux, à côté de Corps, ce sanctuaire honore la Vierge, qui serait apparue en 1846 à deux jeunes bergers. Il a voulu filmer cet endroit après avoir lu des textes de Louis Massignon[2] s'y rapportant. «Je suis juif par mes ancêtres, mais pas du tout religieux: j'ai été élevé par des parents athées. Pour autant, la religion me fascine à travers les passions et les excès en tous genres qu'elle peut provoquer, comme la montagne, qui devient quelquefois le lieu d'extases et de visions.» À travers sa très grande profondeur de champ, ses dénivelés, la montagne constitue un appel cinématographique car elle ouvre à l'espace – ce qui n'est pas anodin pour un homme d'images. «Cela nourrit essentiellement mon imaginaire car,

2 Louis Massignon (1883-1962) est un universitaire et islamologue français. Il est l'auteur notamment de *La Passion Hallâj*, *Les Trois Prières d'Abraham* et de *Parole donnée*.

encore une fois, je ne suis pas un aventurier, je construis mes histoires un petit peu dans ma chambre, pas entre deux trains... Le privilège de faire un film, c'est que ça oblige à aller sur place, à se documenter, à trouver des lieux, à sillonner des *terrae incognitae*...» Parmi ses expériences de tournage liées à la montagne, il se souvient du dernier film qu'il a écrit en 2009 pour Jacques Rivette, *36 vues du Pic Saint-Loup*. Rivette, lorsqu'il tourne *La Belle Noiseuse* dans l'Hérault, remarque cette pointe de 658 mètres d'altitude, située à vingt kilomètres au nord de Montpellier. Frappé, alors qu'il le voit chaque jour, par ses constants changements de physionomie, il décide d'écrire un scénario autour de ce pic: l'histoire d'un cirque en tournée dans la région, qui évolue autour de la montagne, toujours présente en arrière-plan. Le paysage joue un grand rôle dans le film, qui a été tourné dans des circonstances extravagantes: «Jacques Rivette, qui était atteint par la maladie d'Alzheimer, avait perdu la mémoire immédiate. Or, comme nous l'avions toujours fait ensemble, j'écrivais les scènes au jour le jour, et il ne savait pratiquement plus ce qu'il avait tourné la veille, c'était assez difficile à vivre...» *36 vues du Pic Saint-Loup* est une allusion directe aux *Trente-six vues du mont Fuji* d'Hokusai, dont il apprécie la précision du trait et l'énergie. Amateur d'art, Pascal Bonitzer, qui a publié un essai sur la peinture et le cinéma[3], est fasciné par deux peintres dont les œuvres expriment sa vision de la montagne: Caspard David Friedrich et Balthus. Du premier, il aime les paysages de montagne désertiques, désolés, dans lesquels un personnage de dos contemple l'abîme. Du second, il apprécie une toile emblématique réalisée en 1937: *La Montagne*. Bien qu'il soit situé dans les Alpes, ce tableau l'a marqué: «J'ai cru reconnaître dans ses personnages ceux des *Hauts de Hurlevent*. Cette toile me frappe aussi car le premier plan

3. *Décadrages*, Éditions de l'Étoile, 1985.

est dans l'ombre et l'arrière-plan éclairé par le soleil ; cela illustre le contraste, propre aux paysages de montagne, entre l'ubac et l'adret, le soleil et l'ombre, avec ce que ça peut refléter dans l'âme des personnages... »

Pascal Bonitzer a écrit à ce jour plus de quarante *scenarii*. Il a sorti cet été son septième long-métrage, *Tout de suite, maintenant*, avec Isabelle Huppert, Lambert Wilson, Jean-Pierre Bacri, Vincent Lacoste et sa fille, Agathe Bonitzer. Situé dans le monde de la finance, tourné essentiellement en Belgique et au Luxembourg, ce film particulièrement réussi combine chronique sociale, histoire d'amour et réflexion sur la filiation. On y retrouve la mise en scène souple et discrète du réalisateur, qui intègre quelques incises surréalistes, exprimant les terreurs intimes du personnage principal. Tourner à nouveau en montagne ? Il ne l'exclut pas. « J'aurais bien aimé aller un jour en Engadine, mais ça a été fait par Olivier Assayas, le sujet a été préempté. Cette région m'attire par l'imagination parce qu'elle est liée à Nietzche, à la vision de l'éternel retour, c'est paraît-il extrêmement beau... »

Luc Bronner

Journaliste et écrivain

Mars 2021

Du plus loin qu'il se souvienne, il revoit les étendues de neige, en hiver, les jeux dans les torrents et les rivières, en été, les parties de cache-cache et le jardin de sa grand-mère, dans la vallée de Champoléon, où il passait des après-midi entières... «Mon rapport à la montagne a toujours été associé à des émotions, des sensations de froid, de chaleur, d'effort physique, qui sont très importantes pour moi. Quand on est enfant, l'aventure et l'exploration sont partout.» Né à Gap, Luc Bronner a grandi à Saint-Bonnet-en-Champsaur, commune de 2000 habitants, sur la route de Grenoble, où ses parents étaient médecins généralistes. Son exploration physique de la montagne débute en famille, lors de marches «obligatoires» sur les sentiers du Champsaur. Même si ces randonnées étaient imposées, il se souvient très tôt d'un vrai plaisir personnel, car son père savait agrémenter ces excursions d'une dimension ludique. «Il y avait beaucoup de jeux, de défis, comme courir le plus vite possible... Très vite nous avons fait du hors sentier, avec cette joie d'explorer, de passer par des itinéraires alternatifs, de se perdre un peu. Encore aujourd'hui, je garde ce rapport ludique à la montagne: à peine arrivé, j'ai envie de courir...» Parmi les lieux de prédilection de la famille Bronner figure depuis toujours le sommet du Vieux Chaillol

(3163 mètres), en lisière du parc national des Écrins. Facilement accessible, sans aucune difficulté technique, cette montagne dénuée de zones exposées permet d'aller vite, d'explorer tous azimuts et de ramasser du génépi.

Chaque semaine, Luc Bronner explorait la montagne avec ses parents, pratiquant, en plus de la randonnée, le VTT, la course à pied ou encore le ski de fond, son sport préféré, qu'il a découvert à cinq ans, disputant de nombreuses compétitions. Il évoque les nombreux entraînements, la préparation des skis et les trajets en bus, le dimanche, avec le club de ski de fond de Champsaur et Valgaudemar, pour disputer les courses aux quatre coins des Hautes-Alpes. «J'adore la sensation de glisse et d'équilibre, cet effort très particulier qui se gère dans des moments qui peuvent être très froids, où la question du climat est essentielle. Dès que je peux faire la Transjurassienne, j'y vais. Ces dernières années, j'ai terminé l'épreuve plutôt dans le premier quart… J'ai eu un bon niveau régional, qui ne donnait pas pour autant de perspectives: le ski de fond, pour les meilleurs – dont je n'étais pas – permettait de travailler dans les douanes, de devenir sergent dans l'armée…»

Parmi toutes les personnes qu'il a croisées, Luc Bronner retient une figure marquante: son professeur d'éducation physique au collège de Saint-Bonnet-en-Champsaur qui, dans le cadre d'une classe sport nature, emmenait chaque jour les élèves en montagne. L'expérience a été déterminante. «Je suis convaincu d'avoir beaucoup plus appris à travers le sport, la montagne, qu'à travers l'école. Ça m'a appris la question de l'effort, de l'endurance, une forme de calme qui m'est utile dans mon travail aujourd'hui. Il y a aussi le rapport à la nature, à la solitude… Ça ne veut pas dire qu'on ne peut s'éduquer qu'à la montagne, mais dans mon équilibre personnel, cet élément est indispensable.» Après l'obtention du bac, il doit quitter sa région pour aller suivre des études supérieures – un vrai déchirement. «Je n'avais pas le choix, bien sûr, mais une partie de moi voulait rester. Si on m'avait posé la question entre six et dix-huit ans quant à l'éventualité de ne pas vivre en montagne, j'aurais répondu que c'était complètement impossible!» Diplômé de l'Institut d'études politiques de Grenoble et de l'École supérieure de journalisme de Lille, il va travailler en tant que pigiste dans divers quotidiens régionaux (*Nord Éclair, La Voix du Nord* et *La Dépêche du Midi*), puis va collaborer au *Monde de l'éducation.* Journaliste au sein de la rubrique «Éducation» du *Monde,* reporter pour le service «Société française», il est nommé en 2015 directeur des rédactions du *Monde,* poste qu'il occupera jusqu'à fin 2020. Instaurant une distance avec ses montagnes natales, l'installation en région parisienne lui a permis d'en apprécier les attraits: «Je ne m'en rendais pas forcément compte lorsque j'y vivais, étant complètement immergé dans ce monde, mais chaque fois que j'y retourne, j'en mesure maintenant la beauté époustouflante!»

La pratique de la montagne, et notamment du trail, auquel il s'adonne depuis plusieurs années, a innervé toute sa vie. Adepte des efforts au long cours, aimant se dépasser, il constate que l'endurance acquise sur les versants alpins lui a été grandement utile dans sa fonction de directeur des rédactions. «Il faut en permanence relancer la machine dans ce type de poste, quand les autres ont tendance à ralentir un peu, ou parce qu'il y a une actualité très forte...» La ténacité montagnarde est aussi d'un grand secours lorsqu'on entreprend l'écriture d'un livre, exercice au long cours où le doute, le découragement assaillent parfois l'auteur. Après avoir publié une enquête sur les banlieues, *La Loi du ghetto: enquête sur les banlieues françaises*[1], Luc Bronner a fait paraître un récit très personnel, fruit d'un long travail de recherche: *La Montagne blessée*[2]. Cet ouvrage étonnant où la rigueur du

1. Calmann-Lévy, 2010.
2. Le Seuil, 2020.

reportage, du récit historique, croise poésie et autobiographie, où s'entrelacent archives et plaidoyer écologique, retrace le destin d'un ancien village des Hautes-Alpes, Chaudun, situé à quinze kilomètres au nord de Gap. Plongés dans la détresse économique la plus totale, les habitants ont vendu maisons et biens aux Eaux et Forêts en 1895, pour émigrer en Amérique ou en Afrique du Nord. Si Luc Bronner a commencé concrètement à travailler sur ce livre il y a six ans, les images de Chaudun sont gravées dans son esprit depuis l'enfance, lorsque, allant se promener avec ses parents dans cette vallée reculée, il avait été frappé par les ruines affleurant sur le site. Il avait le sentiment de se trouver dans une zone de guerre, parsemée d'immenses trous, comme si les maisons avaient été détruites par un bombardement. « J'ai réalisé que des gens, dont on me racontait l'exil en Amérique à la fin du XIXe siècle, avaient vécu là, qu'ils avaient eu le courage de partir. Le mot "Amérique" résonnait dans mon esprit d'enfant – à cet âge, cela faisait un peu rêver... Je n'étais pas encore journaliste, mais je trouvais l'histoire extraordinaire. » Cette histoire sidérante, Luc Bronner la raconte à travers le destin des hommes, des femmes et des enfants de ce village aujourd'hui effacé. Peu intéressé par les figures de pouvoir, l'auteur a une grande tendresse pour les vies minuscules, les destins ordinaires, qu'il essaie de retracer au plus juste, au plus près. « Quand on raconte la montagne, on raconte souvent l'alpinisme, l'aventure, la performance, et tous les drames qui vont avec... Cela a masqué beaucoup de choses... *La Montagne blessée* est la radiographie d'un village d'altitude, un témoignage sur la vie en montagne, ce qu'elle implique concrètement, charnellement. »

Le cheminement de Luc Bronner à Chaudun débute au cimetière. Nulle intention morbide dans cette étape, qui permet d'égrener les noms des villageois et, surtout, de constater combien ils meurent jeunes. « On se nourrit mal là-haut, écrit-il. Pas de fruits ou assez peu. Très peu de viande. Du pain, dur comme du bois, que l'on mange trempé dans l'eau ou le lait. Du cochon, tué une fois l'an, deux fois pour les familles les plus riches. Des patates, beaucoup de patates. Il n'y a pas de médecin.» Fait frappant quand on consulte l'état civil de Chaudun: le nombre saisissant d'enfants morts en bas âge. Les habitants de la commune prenaient en nourrice des enfants nés hors mariage dans la région de Marseille. Nourris tant bien que mal, ces petits finissaient par mourir précocement, illustrant une morale hypocrite: si les relations sexuelles hors mariage étaient réprouvées, gagner de l'argent avec ces enfants, voire les laisser mourir, ne l'était pas! *La Montagne blessée* brosse un tableau de société à travers les professions emblématiques du village: maire, prêtre, instituteur, facteur... On comprend en suivant leurs parcours combien la vie est rude dans cette commune reculée, austère, où le soleil pénètre à peine en hiver – une commune où il est bien difficile de s'intégrer, comme en témoigne le courrier d'un abbé, dont le plus beau jour à Chaudun a été celui du... départ. Rugueux, les habitants, repliés sur eux-mêmes? Plongés dans une nature brutale, ils vivent sur un territoire qui paraît oublié de la République, où l'on envoie des instituteurs débutants, inexpérimentés. «Cela montre les inégalités structurelles de la société en matière d'éducation, entre les zones rurales de montagne et les villes... Les discours de Jules Ferry sur l'égalité républicaine en matière d'éducation sont une fiction. Le profil des instituteurs qui étaient envoyés à l'époque dans ces secteurs rappelle un peu celui des professeurs qu'on envoie de nos jours dans les zones d'éducation prioritaire...»

Le destin de Chaudun bascule en 1888, quand les habitants décident d'écrire au ministre de l'Agriculture. Se considérant comme des «déshérités de la nature pour lesquels le combat de la vie est terrible», les villageois lancent un appel au secours. Ils soulignent que «le département des Hautes-Alpes est celui où les conditions de l'existence sont parmi les plus rudes et les plus précaires». Le terrain est stérile, disent-ils, les intempéries fréquentes, les terres incultes s'étendent de jour en jour. Et le constat est sans appel: «Il est impossible de continuer.» On propose donc au gouvernement l'achat du territoire de la commune. On émigrera sous des latitudes plus fertiles. Que s'était-il passé? La plupart des forêts ont disparu, ravagées par les coupes sauvages pour chauffer les foyers l'hiver et utiliser les plus beaux arbres pour entretenir les maisons. Par ailleurs, les milliers de moutons expédiés par les éleveurs du sud de la France, que les bergers locaux ont pris en charge pendant l'été, ont piétiné les pelouses, creusé les chemins, érodé les pentes au-dessus des ruisseaux. À cause de la déforestation, cela provoque des ruissellements ou des avalanches qui emportent tout sur leur passage. Résultat: les bois sont décimés, les pâturages inexploitables. L'activité humaine a ruiné, épuisé la nature... Luc Bronner, qui connaît bien ce territoire, et dont le destin de sa propre famille, qu'il évoque à plusieurs reprises, n'est pas si éloigné, se garde de juger. «Ces gens n'avaient pas le choix: leur survie à court terme supposait de prendre un peu plus de moutons l'année suivante, car les prix avaient dû baisser, donc d'utiliser un peu plus l'espace, l'abîmer un peu plus, et l'année suivante, d'aller un peu plus haut...» L'histoire de Chaudun trouve une résonance avec des problématiques contemporaines: à l'instar du surpâturage au XIXe siècle, les canons à neige et le suréquipement peuvent, pour des raisons parfois compréhensibles, motivées par des intérêts économiques locaux, tuer la montagne.

En même temps qu'un avertissement, Chaudun livre toutefois un message d'espoir. Après être devenu propriétaire, l'État a planté près de cinq millions d'arbres (pour beaucoup des mélèzes), transformant cette terre brûlée en un espace unique de biodiversité très prisé par les botanistes (les scientifiques estiment que 20 % de la flore française est présente dans la vallée). «S'il y a une morale positive dans cette histoire, note Luc Bronner, faisant souvent référence à *L'Homme qui plantait des arbres* de Jean Giono, c'est que l'homme a abîmé cette vallée, il n'avait pas le choix, d'autres hommes l'ont réparée, et aujourd'hui, parce que les habitants sont partis, c'est devenu une réserve naturelle incroyable ! » Une montagne ressuscitée ? Outre la dimension écologique, Luc Bronner, en racontant l'histoire de Chaudun, exprime sa fascination pour les hommes et les femmes qui, au prix d'efforts incroyables, à sans cesse recommencer, inscrivent leur trace dans un milieu difficile, si ce n'est hostile. « On ne peut comprendre la montagne sans penser à la sueur de ceux qui l'ont occupée », écrit-il dans son récit. Amoureux d'une montagne humaine, habitée, il admire les ponts, refuges, murets et chalets accrochés au flanc des pentes… « Cela me ramène au plaisir que j'éprouvais, enfant, avec mes frères et sœurs, à construire des barrages dans les torrents. Ces quelques pierres que nous déplacions étaient dérisoires, bien entendu, mais elles procédaient du même désir d'inscrire sa trace, de lutter contre le cours du temps… »

Michel Butor

Écrivain

—

Mars 2016

Annemasse est maintenant derrière nous. Après avoir sillonné une plaine grisâtre, la voiture s'engage sur une route de montagne. Quelques virages et, assez rapidement, la lumière surgit, d'abord timide, voilée, puis résolue. Le brouillard glacé qui engourdissait la ville a disparu et, lorsque le taxi parvient à destination, le soleil resplendit. La place du village, dont le parking surplombe une mer de nuages, s'avance comme un promontoire. Lucinges... C'est la deuxième fois que je rends visite à Michel Butor. Il y a dix ans, il m'avait entretenu d'un vieux texte sanscrit. Aujourd'hui, il sera question de montagne. Après avoir été accueilli par ses trois chiens (« la fanfare canine »), je suis mon interlocuteur jusqu'à son bureau. Quand je lui explique avoir beaucoup de questions à lui poser, il me répond avec enthousiasme, d'une voix énergique, en levant les bras : « Eh bien allons-y ! » La montagne représente pour lui « toute une histoire », comme il le dit d'entrée, parfois « compliquée ». Son premier souvenir, qu'il qualifie de « lointain et sans garantie », remonte à l'année de ses dix ans. Ses parents, qui habitent Paris, l'emmènent chez des cousins, à Tarbes, pour les vacances de Pâques. Un jour, on se rend à La Mongie, une station de ski, encore sous la neige. « C'était tellement différent de tout ce que je connaissais. J'avais déjà vu des montagnes de loin, depuis le boulevard des Pyrénées, à Pau, bien sûr, mais ce décor a suscité en moi l'émerveillement et surtout, l'étonnement.»

La montagne, qui a accompagné toute sa vie, a longtemps été une affaire de famille. Son père, qui travaille dans l'administration des chemins de fer, occupe tous ses loisirs au dessin et à la gravure sur bois. Durant les vacances d'été, il emmène sa famille dans des lieux où il peut pratiquer sa passion: la campagne, la mer puis, un jour, la montagne (les Pyrénées-Atlantiques). Avec ses nombreux frères et sœurs, Michel Butor accompagne son père dans sa quête d'un décor idéal. «Il était là uniquement pour dessiner; il ne faisait pas du tout d'escalade! Nous l'accompagnions et, lorsqu'il avait trouvé l'endroit qui lui convenait, on partait se promener alentour.» Ces promenades en altitude constituent une école du regard (il est fasciné par les paysages) et développent son goût pour la marche. «La montagne, pour moi, est synonyme de marche (la randonnée comme on dit de nos jours) et pas du tout d'escalade – j'ai du mal à monter sur un escabeau tout seul!»

Longtemps avant qu'il s'y installe, la montagne a occupé une place particulière dans sa vie d'homme et d'écrivain. La première étape de cette présence diffuse se situe sur le sol américain, qu'il foule pour la première fois en 1960. Il a trente-quatre ans. Trois ans auparavant, la publication de son troisième roman, *La Modification*, couronné par le prix Renaudot, l'a placé sous le feu des projecteurs. Il est devenu l'icône de ce que la critique appelle le Nouveau Roman, où figurent à ses côtés Alain Robbe-Grillet, Claude Simon, Samuel Beckett et Nathalie Sarraute. S'il admet avoir de nombreux points communs avec ces auteurs, il ne veut pas se laisser enfermer dans une chapelle. Le roman ne l'intéresse plus: «J'ai peu à peu constaté, expliquait-il dans un entretien[1], que cette forme littéraire si codifiée ne suffisait plus pour intégrer tout

1. *Curriculum Vitae, entretiens avec André Clavel*, Plon, 1996, p. 140.

ce que je voulais y mettre.» Il publie un dernier roman, *Degrés*[2], aspirant dès lors à d'autres horizons, littéraires et géographiques. «À cette époque, c'était très important pour un jeune Européen de découvrir les États-Unis: le monde avait profondément changé et son centre de gravité s'était déplacé outre-Atlantique. Les gens qui étaient allés là-bas avaient de l'avance sur nous, donc c'était très important d'aller voir ce qui se passait.» Durant une décennie, il va effectuer de nombreux séjours aux États-Unis, enseignant notamment dans les universités de Buffalo, Chicago, ou encore Santa Barbara. Il sillonne le pays, visitant les parcs nationaux comme celui de Yellowstone, où il part pour de longues randonnées. Le continent américain lui inspirera plusieurs livres audacieux tels que *Mobile* et *6 810 000 litres d'eau par seconde*[3], dans lesquels il tente de restituer un espace et une société radicalement différents. La montagne structure l'Amérique sur un plan topographique, mais aussi culturel: à l'est des Appalaches, la chaîne ancienne courant du Canada à la Floride, s'étale un territoire européanisé où villes et villages, après avoir été conçus, ont été reliés par la route et les chemins de fer. À l'ouest de cette frontière, jusqu'aux Rocheuses, commence un monde géométrique où les tracés rectilignes des routes et autoroutes décident des habitations, établies à leur croisement.

Invité comme professeur à l'université du Nouveau-Mexique, Michel Butor se rend en 1969 à Albuquerque, dans la vallée du Rio Grande. Située à 1619 mètres d'altitude, la ville se trouve face au mont Sandia, culminant à 3255 mètres. Le bureau dont il dispose donne directement sur cette montagne dont le nom (qui signifie «pastèque») est lié aux couleurs rose vif dont elle se teinte au coucher du soleil. Ce sommet, sur lequel il se rendra à de nombreuses reprises avec ses enfants pour marcher ou

2. Gallimard, 1960.
3. Gallimard, 1962 et 1965.

skier, l'obsède. Il veut en percer le secret. Inspiré par la série d'estampes d'Hokusai, *Trente-six vues du mont Fuji*, il écrit une série de textes abstraits, revenant sur la difficulté de décrire la montagne, intitulés *35 vues du mont Sandia le soir l'hiver* et *Neuf autres vues du mont Sandia*[4]. «J'ai choisi ce chiffre pour marquer la déférence, la modestie. Ces textes s'inscrivent dans une démarche de peintre. Quand j'étais jeune, j'ai beaucoup dessiné; j'aurais eu envie d'être peintre, mais j'avais aussi envie d'être musicien, ce que je n'aurais pas pu être, car je n'étais pas suffisamment doué. Entre les deux, je suis tombé dans la littérature, mais c'est une littérature qui est hantée par la peinture et la musique; c'est-à-dire, je voudrais faire voir et entendre les choses.» La vue époustouflante qu'offre le mont Sandia sur la vallée du Rio Grande est encore présente dans son esprit. Il se souvient aussi de la texture de la roche, sur les flancs et les falaises. Les massifs montagneux, d'après lui, aident à prendre de la hauteur et à voir le monde. Ils permettent aussi de comprendre l'histoire de la planète dont les couches géologiques sont mises à nu dans les écorchements de la montagne. Ce qui est d'habitude enfoui est révélé, et le livre s'ouvre...

Michel Butor revient en France en 1970 et déménage à Nice, où il a obtenu un poste de professeur à la faculté des Lettres. Installé dans une maison à flanc de montagne baptisée «Aux antipodes», il randonne fréquemment dans l'arrière-pays niçois. Il va aussi s'essayer au ski, dans la station de Beuil, selon un mode... burlesque. «Mes filles skiaient régulièrement à Valberg. En ce qui me concerne, j'avais fait quelques petits essais autrefois. Ma famille a insisté pour que je m'y remette et ça a été une catastrophe: j'ai été la risée de toute la station! Grâce à mes déboires, j'ai fait passer une après-midi délicieuse à tous les gens qui étaient là!» Il n'insistera pas et, dorénavant, ira se promener, méditatif,

---

4. *Où. Le Génie du lieu 2*, Gallimard, 1971.

pendant que ses enfants descendent les pistes. Sa carrière d'enseignant, menée en parallèle avec son activité d'écrivain, le conduit à l'université de Genève. Pendant plusieurs années, il effectue des allers et retours avec la Suisse, avant de s'installer dans la région. En 1989, il emménage avec sa femme à Lucinges (Haute-Savoie), dans une maison construite cent ans auparavant par l'archevêché d'Annecy, qui était jadis une école. Baptisée *À l'écart*, sa demeure se dresse au bout du village, à flanc de montagne, à 730 mètres d'altitude. Pour s'y rendre, on passe devant la bibliothèque Michel Butor, indiquée par un panneau au visiteur. « La montagne est ma Thébaïde, mon refuge. Je vis ici un peu comme un ermite confortablement installé, bien sûr, un ermite de luxe, mais quand même un ermite... » Son bureau, qui occupe l'essentiel du deuxième étage, donne sur un panorama époustouflant : un rideau d'arbres au premier plan, les toits du village en contrebas et, au-delà d'une perspective gris-bleu, émergeant de la brume, quelques sommets dont le soleil découpe les formes. « Vous voyez le paysage que j'ai ! Et ça change tous les jours ! On peut voir le paysage à travers les arbres, en ce moment, mais quand les feuilles reviendront, les couleurs changeront avec les saisons. La lumière, en passant à travers, dessinera un vitrail. J'ai une chance extraordinaire. Je ne passe pas mes journées à regarder par la fenêtre, mais le paysage est là, qui me prend, en quelque sorte. Chaque fois ma tête tourne... » Michel Butor écrit toujours l'après-midi et consacre ses matinées à son courrier et aux promenades. Depuis son installation en Haute-Savoie, il a parcouru des centaines de kilomètres dans le massif des Voirons, au-dessus de chez lui. Cette longue échine, qui fait partie des Préalpes, donne sur le lac de Genève d'un côté, et le mont Blanc de l'autre. Un sentier de vingt-cinq kilomètres, dédié à la randonnée, l'été, et au ski, en hiver, en longe la crête.

Toujours passionnante à ses yeux, la marche en montagne, dont il ne s'est jamais lassé, opère chez lui une ouverture du corps et de l'esprit : le déplacement du paysage active les machines qui tournent dans sa tête et il peut écrire l'après-midi les idées emmagasinées en montagne le matin. Lorsqu'il recherche une idée, il part sur un sentier, souvent avec ses chiens («je suis le *dog sitter*»), car la montagne a une capacité très particulière à faire communiquer l'art et la «réalité», à faire se télescoper des strates de temps. Ce qu'il voit déclenche son imagination. Ses voyages se superposent, tel arbre en évoquant un autre aperçu en Italie, aux USA, ou au Japon. «La superposition des marches produit une espèce de polyphonie, de musique à plusieurs voix à l'intérieur de laquelle les idées se mettent à sortir...» Cette relativité temporelle donne une profondeur inédite à l'expérience humaine vécue en altitude; elle estompe les contours et la notion même de «réalité», le souci de véracité qui détermine trop souvent les récits d'alpinisme éclate. Quelle différence fondamentale y a-t-il entre une marche réalisée ou fantasmée? Tous les intermédiaires possibles existent entre ces deux options. «Chacune des randonnées réelles ou actuelles que je fais rappelle, évoque des visions antérieures, des choses vues à un autre endroit... Parfois, je vois aussi surgir des tableaux: je reconnais tout d'un coup un Bruegel, un Konrad Witz, un Caspar Wolf, ou encore une toile de Ferdinand Hodler...» La marche en montagne est une figure littéraire qui compte beaucoup pour Michel Butor. L'idée d'une filiation est capitale: «Toute ma vie, dans tout ce que j'ai fait, j'ai toujours essayé de mettre mes pas dans ceux des autres.» Parmi ses parrains, il cite Rousseau, dont la figure imprègne fortement la région genevoise («on ne peut pas y échapper ici»), Victor Hugo, à travers son *Fragment d'un voyage dans les Alpes*, et Horace Bénédicte de Saussure, dont il admire beaucoup les *Voyages dans les Alpes*. «Écrire ou peindre la montagne est horriblement difficile; il faut être capable de prendre du recul et apprendre à regarder...»

Michel Butor fêtera cette année ses quatre-vingt-dix ans. Grand voyageur, il a sillonné tous les continents. Auteur incroyablement prolifique et inventif, il a abordé tous les genres: roman, essai, poésie, écrits sur la peinture, la musique, livres d'artistes, traductions... Curieux et généreux, il ne se lasse pas des paysages des Voirons, qui l'ont beaucoup inspiré. « Je n'en suis jamais blasé ! Mes voyages m'ont toujours apporté quelque chose, autre chose que ce que je croyais, mais ça n'en était que mieux ! Je suis comme les savants qui font des expériences : quand ça confirme leurs théories, ils sont très contents, mais quand ça les infirme, ils sont encore plus heureux, car ils vont être obligés d'établir une autre théorie. »

Belinda Cannone

Écrivaine

Décembre 2014

« Je n'ai pas attendu la montagne pour apprécier la nature, car je suis formée depuis toujours à aimer, regarder et apprécier ce milieu, qui est en moi. Mais la montagne est une des formes de la nature les plus impressionnantes, et la plus majestueuse ! » Née à Tunis, Belinda Cannone est venue très tôt en France, à Toulouse, puis à Marseille, où elle a grandi. Issus du « peuple de la mer », ses parents ne s'intéressent pas à la montagne, qui les oppresse. Son père – souvenir d'enfance marquant – l'emmène toutefois se promener très souvent dans les collines derrière Marseille, l'initiant à la marche et formant son regard, sa sensibilité : « Par les promenades, écrit-elle dans *Le Don du passeur*[1], nous avions l'impression d'apprendre à voir et à sentir. Chemin après chemin, clairière après clairière, mon père nous transformait en spectateurs attentifs de la beauté du monde. »

La montagne entre dans sa vie en deux temps. À quatorze ans, à travers le comité d'entreprise de la Société des eaux de Marseille, où travaille sa mère, elle effectue un camp d'adolescents dans le Vercors. Elle y pratique notamment l'escalade et

1. Stock, 2013.

la spéléologie, expérience de peur et de plaisir entremêlés. Elle se souvient de bâtiments plutôt luxueux et confortables, d'un domaine où de multiples activités sont proposées aux jeunes, du cheval au ski d'été. Quoiqu'agréable, cette expérience s'efface dans son esprit au profit d'un autre séjour, déterminant, effectué deux ans plus tard. Belinda Cannone a seize ans. Elle est invitée par la famille de son petit ami à skier dans une station des Hautes-Alpes. Sa confrontation avec les paysages montagnards est encore très précise dans son esprit: «J'étais assise à l'arrière de la voiture et j'ai été saisie par l'énormité de la montagne, qui m'a paru extraordinaire. Ce moment a fondé mon rapport à la montagne, à laquelle, curieusement, je ne m'habitue pas vraiment: à chacun de mes séjours, j'éprouve à nouveau ce sentiment d'émerveillement devant un spectacle immense…» Profondément marquée par les sommets, Belinda Cannone retourne avec son ami dans les Hautes-Alpes dès l'année suivante, où elle effectue le tour de l'Oisans via le GR5. Au cours de ce périple, elle découvre les sensations de la montagne estivale, qui engage tous les sens (vue, odorat, toucher), et qu'elle préfère aux pentes enneigées: «La montagne blanche et brumeuse me frappe moins; ce que j'aime le plus, c'est ce que j'en vois…» Cette sensualité se combine avec un besoin d'immersion: elle aime marcher lentement, sans que rien ne s'interpose entre la montagne et elle, et dit avoir besoin d'un rapport très simple avec la montagne. «*Marcher* signifie pour moi *être* dans un lieu. On finit par oublier l'effort – même s'il nous rattrape parfois! La marche est une activité naturelle qui permet de se perdre dans la contemplation…»

N'ayant de cesse de retrouver les émotions de cette traversée de l'Oisans, Belinda sillonnera trois fois le GR5 et retournera fréquemment en montagne, dans la mesure où elle trouve un compagnon (ou une compagne) de marche. En effet, elle n'envisage pas de partir plusieurs semaines seule et de planter sa tente dans un endroit isolé. «Un homme peut sans doute le faire plus facilement mais en tant que femme, à tort ou à raison, je me sens plus menacée... » Combinant deux éléments essentiels à ses yeux – la marche et la montagne –, la randonnée est pour elle une façon de respirer, plus intense, et, surtout, une métaphore de la vie. « On dit qu'en hébreu *vivre* et *marcher* sont un même verbe », rappelle-t-elle dans *L'Écriture du désir*[2]. « J'adore l'effort de la marche. Pendant longtemps, j'ai estimé que vivre, c'était ça : ça équivalait à faire cet effort de marcher en montagne. Mais cette difficulté physique comporte sa part de plaisir, comme lorsqu'on passe un col à 3 500 mètres. Ce mélange d'effort et de jouissance symbolise assez bien ma vision de l'existence... » Belinda Cannone, qui utilise régulièrement des comparaisons avec la montagne et l'alpinisme dans ses livres, conçoit l'écriture comme un « Everest à sa mesure », auquel elle est confrontée sans carte, outil ni boussole, mais avec foi et détermination. Elle voit une profonde analogie entre la marche en montagne et l'écriture romanesque : ces deux activités exigent du souffle, un effort long, lent, profond et régulier. Elle s'est tout de suite reconnue dans le tempo intérieur de la randonnée. « J'ai l'impression de produire le même effort sur la longueur dans ce que j'écris ou ce que je lis. Quand je faisais du sport, dans ma jeunesse, j'étais nulle en sprint mais très bonne en résistance, en sports de fond... »

L'écriture, à laquelle elle se consacre chaque jour, sauf événement particulier, est pour elle une randonnée au long cours. Hasard du calendrier, ou signe révélateur, la parution de son premier roman[3] coïncide avec sa découverte de la vallée de Chamonix où elle viendra chaque été, pendant une dizaine d'années, avec son compagnon de l'époque, lui aussi écrivain. Le couple a ses

2. Calmann-Lévy, 2000. Repris en Folio essais, 2012.
3. *Dernières promenades à Petrópolis*, Seuil, 1990. Repris en Points-Seuil sous le titre *L'Adieu à Stefan Zweig*, 2013.

habitudes à l'hôtel Richemond, un lieu attachant où l'on sent la patine du temps. La direction leur prépare toujours une chambre disposant d'une belle vue et de... deux bureaux. Belinda est tout de suite conquise par la beauté et la richesse de la vallée. « La merveille de Chamonix, c'est l'ensemble des promenades disponibles, toutes différentes, qui suscitent une foule d'émotions très variées. » Et de citer le col de Balme, avec ses pentes douces, ses nuances de vert, le lac d'Émosson, avec le barrage, le col et ses traces de dinosaures, ou encore le Brévent, minéral et abrupt... Si les deux écrivains sont profondément épris de montagne, ils consacrent en priorité leurs matinées à l'écriture et, bravant la météo, ne partent marcher qu'en tout début d'après-midi. Un jour, en revenant du refuge de la Pierre à Bérard, ils sont pris dans un violent orage. « C'est un souvenir terrible et étrange pour moi... Nous étions dans une sorte de clairière, et la foudre tombait tout autour de nous ! J'étais effrayée et en même temps totalement incrédule : je me disais que ça n'existait pas – bizarrement, à cette époque, la foudre n'était pas une menace dans mon esprit. J'ai vécu ce moment avec un sentiment d'effroi et de décalage, de distance... »

Autrice d'une vingtaine de livres – romans, essais, ouvrages d'esthétique et de critique littéraire –, Belinda a bâti une œuvre profondément originale, louée par la critique, dont l'audience ne cesse de grandir : elle a notamment reçu le Prix de l'essai de l'Académie française et le Grand Prix de l'essai de la Société des gens de lettres. Quel que soit le genre qu'elle aborde, d'une certaine manière, essai ou fiction, ses ouvrages, inscrits dans la logique « d'idées-affects », constituent un point d'équilibre entre pensée et sensibilité, imagination et connaissance. Parfois à la frange du fantastique, comme *Lent delta*, qui dessine le dernier jour d'une femme de cent quatre ans dans un univers d'anticipation, ses romans pensent le monde. Dans un mouvement convergent, ses essais, où le « je » de l'autrice est toujours présent, intègrent des éléments autobiographiques et adoptent parfois la forme du récit. Femme de conviction, elle a abordé de nombreux sujets dans ses textes: conformisme de la pensée contemporaine (*La bêtise s'améliore*), nécessaire renouvellement du féminisme (*La Tentation de Pénélope*), ou encore désir sensuel (*Petit éloge du désir*). Parmi ses essais les plus réussis, *Le Sentiment d'imposture*[4] met au jour un sentiment très universel, qui nous concerne tous, à un degré ou à un autre: celui de ne pas occuper légitimement la place dans laquelle on se trouve, et la crainte associée d'être démasqué un jour ou l'autre. Qu'il s'agisse des domaines amoureux, professionnel ou intellectuel, ce livre, qui convoque littérature, mais aussi politique, cinéma ou psychanalyse, décrypte avec une grande finesse toutes ces situations ou, à tort ou à raison (souvent à tort), on ne se sent pas à sa place...

À plusieurs reprises, elle a relaté dans ses livres les sensations éprouvées en montagne. Dans *L'Écriture du désir* notamment, elle raconte la plus bouleversante d'entre elles, celle que Romain Rolland a qualifiée de «sentiment océanique»[5]: une totale fusion avec le décor dans lequel on évolue, comme si l'on n'était plus devant mais dans le monde. Belinda a ressenti à trois reprises ce sentiment: la première fois sur le plateau d'Emparis, dans les Écrins, alors qu'elle était couchée dans l'herbe; la deuxième sur les bords d'un fleuve, en Égypte; la troisième en Corse, dans une maisonnette de la vallée de la Restonica, alors qu'elle contemplait les sommets, assise devant une fenêtre. «Cela dure peut-être une dizaine de minutes... mais le temps échappe... C'est d'une puissance rare! On est en continuité avec tout ce qui nous entoure, les rochers, la montagne, les rivières... Je suis athée, mais cette expérience se rapproche pour moi de la mystique, en tout cas

4. Calmann-Lévy, 2005. Repris en Folio essais, 2009.
5. Romain Rolland, lettre à Sigmund Freud, 5 décembre 1927, *Un beau visage à tous sens. Choix de lettres de Romain Rolland* (1866-1944), Albin Michel, 1967.

d'une immanence, sans dieu… Cela crée une impression très étrange de suspens temporel, assez indescriptible… » La montagne, selon Belinda Cannone, est la plus à même de procurer ce genre d'expérience, car de tous les paysages naturels, elle est la seule à susciter ce qu'Edmund Burke appelait le sublime[6] : une beauté tellement énorme qu'elle n'est pas entièrement distincte de l'effroi. En cheminant sur un sentier, en gravissant une paroi, nous gardons en mémoire cette vieille expérience humaine d'un univers qui, jusqu'à ce que les premiers touristes l'apprivoisent au XIXe siècle, a longtemps fait peur… « Ce qui m'intéresse dans le sublime, c'est qu'il échappe à nos possibilités de représentation. On peut toujours saisir la beauté, avec une statue, un tableau, ou un texte, mais c'est très difficile avec la montagne : elle excède la capacité de représentation ! Comment peindre, photographier la montagne ? Comment raconter l'effet si puissant qu'elle produit sur nous ? » Pour autant, quelques textes, figurant parmi ses plus grands chocs littéraires, ont su capter des échos de ce monde d'altitude : *La Montagne magique*, de Thomas Mann, *La Grande Peur dans la montagne*, de Ramuz, et la trilogie de Pan, de Giono (*Colline, Un de Baumugnes, Regain*).

Maîtresse de conférences en littérature comparée à l'université de Caen, Belinda Cannone se partage aujourd'hui entre sa maison du Cotentin et son appartement parisien, où elle me reçoit. Pendant qu'elle remonte le fil de ses expériences montagnardes, se plaignant de sa mauvaise mémoire des noms et des lieux, des rires d'enfants qui jouent dans le square en contrebas remontent jusqu'à nous. Le jour baisse peu à peu et la silhouette du Sacré-Cœur, illuminée, apparaît sur notre droite, au-dessus des toits… Mon interlocutrice parle avec passion de l'univers montagnard, cherchant toujours le mot juste pour traduire au

6. *Recherches philosophiques sur l'origine de nos idées du sublime et du beau* (1756).

mieux ses sensations. En tant qu'écrivaine, aspirant à la concentration, elle envisage la montagne comme un lieu idéal, car elle permet le silence, condition indispensable pour vivre intensément le moment présent et plonger en soi. Dans les autres types d'environnement, il faut accéder à la concentration, l'obtenir, mais en montagne – sauf perturbation – elle nous est presque offerte, elle est inhérente au lieu. «La montagne est pour moi la concentration.» Cette aspiration au silence se retrouve dans sa manière de partager la randonnée avec ses compagnons. «Plutôt que de marcher au même rythme et d'accorder le pas, le plus important pour moi est de pouvoir me taire en montagne avec ceux et celles qui m'accompagnent. C'est une preuve d'amitié et de connivence. On ne peut pas faire de montagne avec quelqu'un avec qui il faut parler...» Parmi ses souvenirs marquants de randonnée, Belinda Cannone évoque le tour de la Vanoise, il y a trois ans, de Méribel-Mottaret à Pralognan – «j'ai été émerveillée par les refuges!» – et ses périples en Aubrac. Cette région, qu'elle a découverte lors d'une manifestation littéraire, constitue un choc: elle découvre une petite Mongolie, située dans l'Hexagone, et comprend tout de suite que ce paysage est fait pour elle. «Il y avait quelque chose qui ressemblait à l'idée que je me faisais de la Mongolie, une beauté austère et intense, un mélange de désert et de montagne...» Passionnée par la flore alpine, dont elle prend des photos, Belinda ressent en montagne un sentiment de pureté et de propreté. C'est le seul espace naturel donnant cette impression assez étrange: «On a la sensation que tout ce qui s'organise autour de nous, les torrents, les tapis d'herbe, sont sains. Comme si l'on était dans une pièce à soi, propre, soigneusement nettoyée...» Ce sentiment se combine avec celui d'un bonheur simple et de la liberté. Pour l'illustrer, Belinda Cannone raconte une anecdote survenue il y a des années au retour de la Mer de Glace. «Nous redescendions sur Chamonix. Je n'aime pas la descente, en général, car j'ai des genoux assez fragiles. Or, malgré cela, prise par mon élan, je me suis mise à courir et à faire de grands bonds ! J'avais l'impression de voler. Cette course insouciante symbolise pour moi la joie très profonde, indissociable de la montagne. »

Gautier Capuçon

Musicien

Juin 2018

La montagne, pour Gautier Capuçon, est un carrefour de sensations, un territoire d'images et de souvenirs entrelacés : l'enfance, la famille, la maison de ses grands-parents à Bourg-Saint-Maurice, les Arcs, l'apprentissage du ski et, bien sûr, de la musique... « Quand je pense à la montagne, cela me renvoie immédiatement à mes racines savoyardes, à cette période de ma vie où tout se met en place et semble intriqué... » Gautier naît et grandit à Chambéry. Enfant, il passe ses vacances dans la maison de ses grands-parents, à Bourg-Saint-Maurice. Il y découvre la nature, apprend le goût de l'effort et celui de la bonne chère. Il se souvient de grandes balades dans la montagne, de la cueillette de myrtilles ou de champignons, des croûtons frottés à l'ail et de la polenta de sa grand-mère italienne, ou encore des chocolats chauds servis avec des bugnes au retour des promenades. Sa vie et son identité s'organisent autour de la montagne et notamment des Arcs, la station la plus proche, combinant musique et sommets... Fonctionnaire à la Direction des douanes de Chambéry, son père, autrefois moniteur de ski à l'armée, l'initie à la glisse dès quatre ans et demi. « Je dis toujours que je suis quasiment né sur des skis ! C'était quelque chose de naturel pour nous, dans la famille... On partait tôt le matin et on passait nos journées sur les pistes; nous arrêtions à midi pour manger un casse-croûte, assis sur un rocher...» L'univers du ski et, plus largement, de la neige, a des dimensions magiques, quasi féeriques pour Gautier Capuçon. Il évoque les instants de pur bonheur, quand il évoluait sur une neige parfaite, sous un ciel immaculé, mais aussi les tempêtes, lorsqu'il devait s'abriter sous des sapins avec son père pour se protéger du vent. «Quand j'étais enfant, j'avais l'impression de vivre dans un monde de géants où s'empilaient des couches et des couches de neige! Je me revois à dix ans avec mon grand-père, sur le chemin qui menait à sa maison, entouré par des murailles blanches qui faisaient deux à trois fois ma taille...»

Le ski et, simultanément, la musique. Comme s'ils procédaient d'un même mouvement, d'un même souffle... S'ils ne jouent d'aucun instrument, ses deux parents sont mélomanes. Fidèles du *Grand échiquier*, l'émission de Jacques Chancel, ils se rendent tous les ans au Festival de musique des Arcs, assistant chaque soir à des concerts avec leurs trois enfants. Ils leur transmettront le plaisir d'écouter mais aussi de jouer de la musique. L'aînée, Aude, se consacrera au piano (demeurant amatrice), Renaud, le second, au violon, et le benjamin... au violoncelle. «J'ai été lancé là-dedans à quatre ans et demi: dès mon premier violoncelle j'ai su que je passerais ma vie avec cet instrument, c'était en moi...» Premier prix au conservatoire de Chambéry à quatorze ans, Gautier intègre l'année suivante le conservatoire de Paris où il travaille avec Annie Cochet-Zakine et Philippe Muller. Il partira ensuite à Vienne, où il étudiera avec Heinrich Schiff. Virtuose, précoce et intuitif, travaillant six heures par jour son instrument, il remporte de nombreux prix dont celui de l'Académie internationale de musique Maurice Ravel de Saint-Jean-de-Luz en 1998, et, l'année suivante, celui du Concours international André Navarra à Toulouse. Sacré «Nouveau talent de l'année» lors des Victoires de la musique en 2001, il engage une carrière internationale exceptionnelle où l'esprit de famille prévaut. Pendant plus de dix ans, il va en effet donner des concerts dans le monde entier (jusqu'à quatre-vingts par an) avec son frère Renaud, violoniste de premier plan. Complices et complémentaires, les deux hommes – qui ont interprété ensemble *La Marseillaise* à Paris le 14 juillet 2017 – suivent désormais chacun leur voie. Interprète de musique de chambre ou soliste d'orchestre, Gautier a joué avec les meilleurs orchestres du monde, les plus grands chefs comme Charles Dutoit et Semyon Bychkov, et collaboré avec de nombreux compositeurs contemporains. Interprète de Beethoven, Brahms, Chostakovitch, Haydn, Ravel, Saint-Saëns, ou encore Schubert, il a enregistré à ce jour une quinzaine d'albums. Musicien reconnu, Gautier ne vit pas dans une tour d'ivoire : il est aussi un ambassadeur de la musique dite « classique », qu'il a à cœur de transmettre, de partager, quel que soit le public. Créateur d'une classe d'excellence à la Fondation Louis Vuitton à Paris, il a aussi fait partie du jury de l'émission télévisée *Prodiges*. Lors de l'hommage populaire rendu à Johnny Hallyday, fin 2017, accompagné du pianiste Yvan Cassar, il a interprété des transcriptions de Gabriel Fauré et d'Édith Piaf.

Cet éclectisme assorti d'exigence se retrouve dans son nouvel album, *Intuitions*, où figurent des œuvres de Rachmaninov, Dvorak, ainsi qu'un morceau de ragtime de Scott Joplin. Conçu comme une autobiographie « retraçant les différentes étapes émotionnelles » de sa vie, ce disque lui a permis de concilier montagne et musique. Avec le réalisateur Dominique Filhol et la danseuse Fanny Sage, il a tourné au-dessus de Verbier, sur le glacier du Grand Combin, un clip autour du *Cygne* de Saint-Saëns. Ce projet, dont il rêvait depuis longtemps – « je suis toujours avide de faire des choses avec la nature ! » –, s'est réalisé de manière intuitive et spontanée : parti réaliser des photos sur un glacier avec un ami pilote d'hélicoptère, il a finalement prolongé ce désir d'altitude à travers un film... Source d'inspiration, cette expérience a marqué sa pratique musicale : aujourd'hui, quand il joue ce morceau sur scène, il ferme les yeux et se retrouve à nouveau sur ce glacier, entouré de montagnes, avec le mont Blanc à sa gauche... « Non seulement je vois le décor, mais, ce qui est extraordinaire, je sens aussi la fraîcheur de l'air (il faisait à peu près – 15 °C) sur mon visage ! » Ce film est un double hommage à la nature et à une figure disparue, Maurice Baquet, dont il a toujours été un inconditionnel. « Nous partagions notamment la passion de la montagne et du violoncelle, ce qui n'est quand même pas rien... Avant de découvrir le comédien et l'alpiniste, je connaissais les photos qu'il avait faites avec Doisneau. J'admire son travail. C'est une vraie source d'inspiration pour moi, comme un guide ayant complété l'enseignement que me dispensaient mes professeurs. Il a essayé de me contacter, un jour, et le temps que je le rappelle, il était mort. C'est triste mais je me dis qu'il devait en être ainsi, ça ne devait pas avoir lieu... » Loin d'être un décor, la nature est le personnage principal de ce clip – et un élément central dans la vie de Gautier Capuçon. La montagne est pour lui un espace essentiel, synonyme d'inspiration, d'énergie et de liberté : on se sent porté par l'immensité des paysages, par leur profondeur, qui ouvrent en nous un champ visuel mais aussi intérieur. « Rien qu'en respirant on sent une présence, une puissance, on se sent envahi par une énergie extraordinaire ! » Cette énergie, rappelle-t-il, a été notamment captée par le compositeur Richard Strauss, dont de nombreuses œuvres, comme *La Symphonie alpestre*, récit d'une ascension en montagne, expriment l'immensité de la nature... Source d'inspiration, la montagne entretient des correspondances profondes avec la démarche musicale. Au fil des années, Gautier a appris à travailler son souffle, son rythme intérieur. Vital pour un chanteur, le souffle, selon lui, a aussi une grande importance pour le pianiste ou l'instrumentiste à cordes. Chaque musicien doit trouver son rythme, faire corps avec l'instrument. C'est un processus organique propre à chacun. Il n'y a pas de règle en la matière. « Ce serait trop facile sinon, on se la partagerait tous ! Une forme d'évidence émerge quand on l'a trouvée ; tout s'imbrique, tout à coup, et prend sens. On fait corps avec l'instrument comme le marcheur et l'alpiniste, réglant leur pas, s'accordent à la montagne pendant l'ascension... »

Gautier a joué dans les plus grandes salles, sur tous les continents, découvrant parfois des montagnes inconnues... Il se souvient par exemple du mont Fuji, que l'on aperçoit depuis Tokyo, suivant le ciel et la qualité de l'air, des massifs de Nouvelle-Zélande, ou encore des montagnes autrichiennes. Où qu'il se trouve, la montagne (à l'instar de la musique) est pour lui une présence rassurante, un parfum familier... Les poumons s'emplissent tout à coup d'un sentiment de bonheur qui vous habite et vous transporte dans une tendresse que vous connaissez depuis votre enfance. « C'est sans doute une des raisons pour lesquelles j'aime jouer en Bavière : même si les montagnes sont différentes des nôtres, je m'y sens bien, avec cette qualité, cette texture de l'air si particulière. La montagne est toute ma vie, finalement, c'est ma vie ! » L'enfant qui apprenait sur les pistes des Arcs est aujourd'hui père de famille. Gautier Capuçon a deux filles de cinq et huit ans. Chaque année, il réserve les deux semaines des vacances de février pour les emmener skier. Levé à l'aube, le petit groupe s'élance sur les pistes dès 9 heures. « La petite débute, mais ça y est, elle est partie ! L'aînée, quant à elle, fait maintenant de grandes journées de ski, elle a acquis un niveau qui lui permet de passer partout. Ça devient génial, on commence à vivre des choses très fortes ensemble. Ces moments sont très importants pour moi ! » Monde esthétique où l'on peut contempler un paysage dans le silence et la solitude, la montagne, pour Gautier Capuçon est aussi et peut-être surtout une expérience humaine associée à la transmission, à la convivialité et au partage. À l'image de ce qu'il a vécu enfant, il aime l'idée, simple mais essentielle, de se retrouver en famille et de partir sur les sentiers. En l'écoutant, on imagine la noria d'enfants, les discussions des adultes, la douceur de l'air et les senteurs d'altitude...

« J'aime partager les choses en général... Lorsqu'on a la chance de vivre de tels moments, intenses et en même temps bouleversants de simplicité, il me semble essentiel de les partager avec ceux qui vous sont proches, qui vous aiment et que vous aimez. Pour moi, c'est aussi ça la nature : ce qu'elle nous donne, tout l'amour de la Terre, la puissance et, bien sûr, le partage. »

Paolo Cognetti

Écrivain

—

Juin 2019

La première image est incertaine et distante, mais elle a valeur de symbole : Paolo Cognetti est hissé sur les épaules de son père, quelque part sur un sentier du val d'Aoste. Il a quatre ou cinq ans... Trop petit pour marcher longtemps, il fatigue vite ; on doit le porter régulièrement. La montagne est un élément central pour ses parents, une terre de régénérescence : tous deux originaires d'un milieu rural, ils vivent et travaillent à Milan, grande cité du Nord où ils ne se plaisent guère. Chaque été, ils passent deux mois à Gressoney. Il s'y produit une métamorphose, une forme de libération pour tous les membres de la famille. Paolo, qui se sent prisonnier entre les quatre murs de l'appartement milanais, s'ensauvage : « Je n'ai jamais joué dans la cour, j'étais toujours enfermé, à l'intérieur. Tout changeait du jour au lendemain en été, je devenais un vrai sauvage... Mes meilleurs souvenirs d'enfance sont liés à la montagne, synonyme pour moi de liberté. » Les sommets sont également associés dans cette période au partage et à la découverte de la figure paternelle. Physicien employé par une grande entreprise d'électronique italo-française, son père voyage fréquemment et consacre peu de temps à son fils. « Il était toujours distrait par quelque chose... La montagne était l'unique lieu où il était tranquille, où il avait du temps pour rester avec moi. Je découvrais un père que je ne connaissais pas, un homme que je voyais rire, être fatigué après une randonnée, un homme qui m'apprenait la montagne – à sa façon. »

Gage d'intimité, l'apprentissage paternel est marqué par des règles assez précises : adopter un pas lent et régulier, ne pas s'arrêter, ne pas parler. Seulement marcher. Jusqu'au sommet. À côté de cette rigueur, Paolo découvre durant ces années une autre vision de la montagne (et peut-être de la vie ?) avec son deuxième parrain d'altitude : Lorenzo. Guide de haute montagne dans le val de Gressoney, celui-ci va l'initier à l'alpinisme selon une autre philosophie. « Il était l'exact contraire de mon père : c'était un homme très doux qui avait beaucoup de patience avec les enfants. Il nous enseignait la montagne non pas comme une discipline, une guerre, mais comme un amour, une passion. » Depuis l'âge de huit ans, Paolo va sillonner chaque été les sommets du val d'Aoste avec ce guide, qui emmène des groupes d'adolescents en refuge, notamment au Città di Mantova. Il apprend les techniques de glace et de rocher et arpente les glaciers autour du Mont-Rose. L'alpinisme prend dès lors une importance grandissante dans son existence. Grand lecteur de récits de montagne, notamment de Walter Bonatti, Reinhold Messner et Maurice Herzog, il songe sérieusement à devenir lui-même alpiniste. À faire de la montagne sa vie. Ce rêve se heurte à une barrière physiologique : il souffre du mal des montagnes. Dès 3000, 3500 mètres, comme il le découvre assez vite, son organisme se détraque, l'altitude le terrasse. Il se souvient notamment de l'ascension douloureuse de la punta Castore, un sommet de 4223 mètres situé entre le Breithorn et la pointe Dufour, avec une très belle et longue crête sommitale. « J'avais douze ans et ça a été un de mes pires moments en montagne. J'étais vraiment très mal, ça a été une torture ! À partir de là, Lorenzo m'a emmené sur des montagnes de moindre altitude... » Paolo va réaliser de nombreuses courses d'alpinisme dans les massifs du Mont-Rose et du Mont-Blanc, comme la Pyramide du Tacul, et grimper fréquemment en falaise.

S'il souffre en altitude, il n'a en effet aucun problème avec le vertige. Pratiquer l'escalade dès l'enfance est d'après lui une école de maîtrise, confrontant l'individu à la peur et au vide, permettant de prendre confiance. Grimper habitue aussi à être autonome, à se connaître et à éprouver la notion de courage. «Ce mot est un peu difficile... Qu'est-ce que le courage en montagne? Sans doute se connaître soi-même, savoir que la force, la puissance du corps n'est pas la même que celle du cerveau, que l'on peut toujours aller plus loin que ce que l'on croyait, et aussi savoir faire des choses seul.» Le premier cycle de sa vie d'altitude se clôt l'année de ses dix-huit ans. Il rechigne à aller en montagne avec son père et ne consent à retourner dans le chalet du val d'Aoste qu'à la condition d'y emmener des amis. Il a envie de vivre, de découvrir d'autres horizons, de voyager... Il engage des études universitaires en mathématiques, qu'il abandonne très vite pour se tourner vers le cinéma. En 1999, il sort diplômé de la *Civica Scuola di Cinema Luchino Visconti*, école de cinéma de Milan, et fonde, avec Giorgio Carella, une société de production indépendante, CameraCar. Il commence par ailleurs à écrire. Il participe en 2004 à un recueil collectif de nouvelles, *La qualità dell'aria*, rassemblant de jeunes plumes italiennes, puis publie deux recueils de nouvelles ainsi qu'un roman, *Sofia s'habille en noir.*

Paolo s'éloigne de la montagne pendant une décennie, jusqu'au grand retour, à la veille de ses trente ans, en 2007. Épuisé par ses nombreuses activités, il décide de s'installer dans le hameau d'Estoul, dans le val d'Ayas, à 2000 mètres d'altitude. Il y vivra pendant un an dans une petite *baita*. Seul. Voilà comment il formule sa décision dans *Le Garçon sauvage*, récit poignant de cette année montagnarde: «Je me sentais à bout de forces, désemparé et abattu [...]. J'avais presque oublié comment c'était, être seul en forêt ou plonger nu dans un torrent, ou courir sur le fil d'une crête avec rien d'autre que le ciel tout autour [...]. Ce n'était pas tant un besoin de partir que de revenir.» Cette retraite s'inspire notamment de celle d'Henry David Thoreau, auteur ayant refusé le monde et cherché à vivre dans la nature des expériences de solitude. Fasciné par *Into the wild*, racontant le périple de Christopher McCandless en Amérique du Nord, Paolo aspire à trouver en altitude un lieu abandonné évoquant l'Alaska et ses espaces désertés. Il y fera une tout autre découverte, insoupçonnée mais capitale. Peu de temps après son arrivée, il comprend que les versants alpins n'ont rien en commun avec son fantasme d'immensité froide et immaculée: il se trouve dans un territoire qui a été habité, travaillé par l'homme, puis abandonné. Estoul, qui comptait soixante habitants jusque dans les années 1960, n'en a plus aujourd'hui que... quatre. «Il y a là-bas une certaine tristesse. C'est comme vivre dans un cimetière, au milieu des ruines, de quelque chose qu'on peut comprendre seulement en partie: on voit les signes du travail, des champs, de vieilles étables, et on peut imaginer la civilisation qui s'y trouvait avant... J'ai fait la connaissance de quelques vrais montagnards, mais toujours avec la sensation d'être dans un lieu où quelque chose d'important, de riche, qui s'y trouvait, avait disparu.»

Avec l'amitié et la filiation, l'évocation de cette civilisation de montagne – et de ses rapports parfois tendus avec le monde urbain – est au cœur d'un livre qui rendra Paolo Cognetti célèbre: *Les Huit Montagnes.* Couronné par le prix Strega en Italie et le Médicis en France, ce roman aux accents autobiographiques raconte l'amitié entre deux jeunes gens: Pietro, le narrateur, vivant à Milan avec ses parents, passant tous les étés en montagne, et Bruno, ayant grandi dans un village du val d'Aoste. Malgré leur complicité, les deux protagonistes s'éloignent à l'âge adulte: le premier redescend en ville, où il devient documentariste, quand le second reste travailler en montagne, où il relance l'alpage familial… Cette histoire, qui a touché un large public, constitue une forme de «roman total» sur la montagne, dont elle explore toutes les facettes: sociale, économique, culturelle, intime et sportive… Gommant toute notion technique, sortant d'un entre-soi parfois complaisant, n'hésitant pas à exposer ses doutes et ses contradictions, Cognetti a fait entrer la littérature de montagne dans l'ère moderne, lui donnant une résonance universelle.

Quels points communs (et différences) entretiennent les populations de montagne européenne et asiatique? Ce questionnement constitue le point de départ du voyage au Dolpo, dans le nord-ouest du Népal, à la frontière avec le Tibet, que Paolo Cognetti a effectué fin 2017, et qu'il raconte dans *Sans jamais atteindre le sommet*. Avant de partir, il avait en tête le constat fait par Mario Rigoni Stern, un de ses auteurs de prédilection, à propos de l'existence d'un «grand peuple des montagnes». Rigoni Stern avait participé à la Deuxième Guerre mondiale et à l'invasion de la France en juin 1940. En franchissant le col du Petit Saint-Bernard, depuis la vallée d'Aoste, il avait été frappé de retrouver exactement les mêmes maisons, les mêmes populations et des métiers identiques à ceux qu'il connaissait depuis l'enfance. «Il a éprouvé un grand malaise. Il sentait que cette guerre n'était pas juste, que les deux versants de la montagne étaient habités par le même peuple, dont tous les montagnards font partie. J'ai aimé cette idée, sans savoir si elle était vraie, si c'était seulement de la poésie… Je suis allé aussi au Népal pour la vérifier.»

Parti avec deux proches, Remigio (son meilleur ami), et Nicola, un peintre, Paolo a débuté son voyage en octobre. Ce périple de trois cents kilomètres à pied représentait pour lui un défi: l'itinéraire prévoyait le franchissement de huit cols culminant à plus de… 5000 mètres d'altitude. Effectuée à l'aube de son quarantième anniversaire, l'aventure avait aussi une dimension d'hommage et de pèlerinage intellectuel: il souhaitait se rendre à l'ancien monastère de Shey Gompa, centre spirituel du

Dolpo, sur les traces de l'auteur américain Peter Matthiessen et de son célèbre ouvrage *Le Léopard des neiges*, qui raconte son séjour dans la région. Ce livre, avec le *Traité du zen et de l'entretien des motocyclettes* de Robert M. Pirsig et *En Patagonie* de Bruce Chatwin, illustre pour Paolo Cognetti l'âge d'or de la littérature de voyage des années 1970. « À l'époque, les jeunes entrevoyaient le voyage comme une expérience intérieure, un besoin de transformation personnelle. Ils cherchaient quelque chose. Aujourd'hui, on voyage plutôt avec une perspective d'anthropologue, pour connaître le monde. Seuls les pèlerins, comme ceux de Compostelle, marchent encore dans un désir de purification, pour changer intérieurement. » À l'instar de Matthiessen, ce séjour est l'occasion de se couper de la civilisation occidentale, de la connexion permanente et de ce que Jean Baudrillard appelait « le désert du réel ». Au gré de ses observations et de ses rencontres, évoluant dans un milieu où l'Homme et le monde sauvage vivent en harmonie, où la présence des animaux est très forte, Paolo apprécie points communs et différences entre les montagnards d'Asie et ceux d'Europe. Il est d'abord frappé par la bonne humeur, le sens de l'accueil et l'humour de ses interlocuteurs. « Les montagnards alpins ont parfois des visages fermés, m'a fait remarquer mon ami Remigio. Ils expriment une forme de colère traduisant une rage sociale : le sentiment d'injustice qu'ils éprouvent en voyant arriver les riches citadins qui passent leurs vacances en montagne, alors que leur vie est seulement faite de travail… » Autre différence importante : le rapport au sommet. Les Occidentaux veulent le conquérir et les Népalais… tournent autour. « C'est un bon symbole pour résumer les différences entre l'Est et l'Ouest dans les rapports à la montagne et plus généralement avec la Terre. Pour nous, elle est toujours une propriété où l'on veut à tout prix laisser une trace. La culture bouddhiste développe un respect de la planète, sur laquelle on se sait seulement de passage… »

Ce voyage l'a-t-il modifié? La réponse ne va pas de soi. D'après Paolo Cognetti, chaque voyage suscite l'illusion d'un changement personnel, qui se dissipe peu après le retour. On rentre à la maison, on reprend ses habitudes et on redevient le vieux soi-même. Ce périple au Dolpo l'a fait évoluer en tant qu'écrivain : dans le récit de son expédition (agrémenté de dessins), il s'essaie à ce qu'il appelle « l'écriture de paysages ». « C'est un exercice difficile et délicat, on doit chercher à décrire des montagnes, des cieux et des nuages comme s'il s'agissait d'êtres vivants composant une histoire… » L'évolution la plus notable réside peut-être dans son rapport à la montagne, que Paolo appréhendait jusqu'alors de manière solitaire. Il a découvert au Népal le plaisir et la beauté de partager avec des amis. « Il ne s'agit pas forcément de parler en marchant : il y avait plein de moments pendant lesquels on marchait seuls, loin les uns des autres. Et puis le soir, sous la tente, c'était le moment du partage avec les amis. L'amitié est primordiale pour moi. Je sens plus de compréhension et de paix dans l'amitié que dans l'amour. Un ami est quelqu'un qui comprend sans juger, qui vous accueille si vous en avez besoin, et qui ne demande pas trop pour soi, en retour. C'est un refuge, comme la montagne. »

Cosey

Auteur de bande dessinée

Septembre 2017

Quelque part en pays vaudois... Pour gagner le village où vit Cosey, il faut emprunter un funiculaire agrippé à la montagne. Quittant la ville, le train serpente parmi les vignobles et les villas, où des familles déjeunent en terrasse. Le Léman est maintenant en contrebas, déjà loin. La voie, où tunnels, cascades et ponts se succèdent, s'engage dans une gorge aux parois moussues. Le wagon frôle la pierre humide, recouverte de filets anti-éboulements. Le convoi prend de l'altitude et, bientôt, c'est le premier arrêt. Un cycliste, qui s'échauffait à mes côtés, s'élance immédiatement avec son VTT. Il disparaît au premier virage, dans le sous-bois de sapins, comme absorbé par le paysage. Nous voici repartis. Retour à la lumière... Nous remontons une vallée assez large, inondée de soleil, aux coteaux tapissés de fleurs. Encore quelques arrêts, une pause à mi-parcours, et nous serons arrivés... Mon hôte m'attend à la gare. À soixante-sept ans, Cosey (de son vrai nom Bernard Cosendai) a l'allure quasiment juvénile. Sa chevelure frisée est maintenant grisonnante, mais il garde une silhouette svelte et, surtout, ce même regard songeur que l'objectif, semble-t-il, ne saisira jamais totalement. Bâti légèrement à l'écart, à flanc de montagne, son chalet lui ressemble : des pièces chaudes, lambrissées, où flotte une odeur d'encens... Excepté sa table de travail, où s'alignent pinceaux et documents, les lieux vont à l'essentiel, sans vouloir impressionner le visiteur. Pourquoi se perdre dans l'ostentatoire? Profitant du soleil de ce début de printemps, nous nous installons sur le balcon. Saveur de voyage, le tintement de clochettes tibétaines, accrochées tout autour de nous, accompagnera notre conversation... Cosey a grandi à Lausanne. Ses premiers souvenirs d'altitude remontent à l'âge de cinq ans, dans un petit village du val d'Hérens, La Sage, à une heure et demie de route de la ville. «Mes parents n'étaient pas sportifs. Ils allaient seulement en montagne pour le "changement d'air", l'été. On faisait des petites balades, je me revois jouer au bord d'un torrent... Peu de temps après, mes deux grandes sœurs se sont mises au ski, et je les ai suivies. Voilà... J'ai beaucoup skié au cours de ma vie, que ce soit aux Marécottes, au-dessus de Martigny, où mes parents ont longtemps loué un chalet, ou plus tard avec des copains...»

Son goût pour la bande dessinée est aussi précoce que celui de la montagne. Très tôt, il se passionne pour les aventures de Spirou et Lucky Luke, relisant vingt fois le même album, recopiant les images, les redessinant, inventant des albums inédits. Totalement extérieurs aux milieux artistiques (son père est expert-comptable, et sa mère, femme au foyer), ses parents sont décontenancés par cette vocation. «Ils se demandaient qui était cet extraterrestre qui avait atterri chez eux! Mais quand ils ont vu que je me passionnais sérieusement pour ça, ils n'ont pas insisté et m'ont fait confiance, ce qui est assez étonnant. Ils étaient ouverts...» Comment concrétiser cette passion? Au milieu des années 1960, la bande dessinée est peu développée en Suisse. Cosey se souvient du minuscule rayon BD dans une librairie de Lausanne et, par ailleurs, de l'absence de formation dans ce domaine. Il va suivre des cours de graphisme en alternance (l'équivalent des Compagnons en France), et travailler comme illustrateur dans une agence de publicité. Ce métier est somme toute une bonne formation car il permet de travailler conjointement textes et images. Durant cette période, il va rencontrer l'un de ses aînés, le dessinateur Derib[1], auquel il voue une grande admiration. «Je suis allé le voir et on s'est très vite liés d'amitié. Quand j'ai fini mon apprentissage, il m'a proposé de venir travailler chez lui...»

Après avoir collaboré à des quotidiens belges et suisses (*Le Soir jeunesse* et *24 heures*), il entre au journal *Tintin* en 1975. Il y publie le premier épisode d'une série devenue culte, *Jonathan*, mettant en scène un jeune Occidental amnésique, à la recherche de ses souvenirs, déambulant au Tibet et au Népal. À chaque aventure, des rencontres le confrontent à ses propres interrogations, pour lesquelles le sentiment de la montagne va jouer une fonction réparatrice. En phase avec la vague hippie des années 1970, le personnage de Jonathan, en rupture avec l'Occident matérialiste, a immédiatement touché le public. Passionné par la montagne et les philosophies d'Asie (bouddhisme, hindouisme, soufisme), Cosey ressent une affinité profonde avec le Tibet, qu'il a d'abord découvert à travers ses lectures: *Tintin au Tibet*, d'Hergé, *Sept ans au Tibet*, de l'alpiniste Heinrich Harrer (adapté au cinéma par Jean-Jacques Annaud), ou encore les photographies d'Alexandra David- Néel[2], première femme occidentale à avoir séjourné à Lhassa en 1924. «Je me suis intéressé au Tibet comme d'autres aux Amérindiens ou à la science-fiction...» Après la publication du troisième volume, il se retrouve à court de documentation. «Contrairement à aujourd'hui, il y avait très peu de photos du Tibet à cette époque, et je n'avais que deux alternatives: arrêter

1. Né en 1944, Derib est notamment l'auteur, avec Job, de la série *Yakari*, comportant trente-neuf volumes. Il se passionne pour les Indiens d'Amérique, et la montagne a une grande importance dans son œuvre.
2. Alexandra David-Neel (1868-1969) est l'autrice, entre autres, de *Voyage d'une parisienne à Lhassa* (Plon, 1927), *Mystiques et Magiciens du Tibet* (Plon, 1929), *Au cœur des Himalayas : le Népal* (Charles Dessart, 1949), ou encore *La puissance du néant* (Plon, 1978).

la série ou constituer moi-même les documents.» Il décide de se rendre sur place en 1976. Le Tibet étant totalement fermé aux voyageurs, il choisit de gagner le Ladakh, ex-province tibétaine sous protectorat indien, dont la route avec le Cachemire vient d'ouvrir. «J'avais peur d'être déçu car je craignais que cette région soit trop *indienne*, mais ça a été un voyage extraordinaire, au sein d'une population dont la culture était traditionnellement tibétaine... C'était vraiment le Tibet!» Durant ce premier séjour de six semaines, il fait des croquis, visite villages et monastères, rencontre les habitants, s'identifiant à son personnage. Marqués par la culture bouddhiste, les Tibétains constituent selon lui un peuple de montagnards toniques, joyeux, courageux, et malins. Il les décrit comme des gens assez rudes, sans le «raffinement extérieur» de l'Inde du Sud ou de la Thaïlande. «Bien qu'ils soient très liés à leur religion, ce ne sont pas des gens doucereux ou lénifiants (on reproche parfois aux gens religieux d'être sucrés, «gnangnans»). Ils aiment bien les plaisanteries un peu crues, ce sont de vrais montagnards!»

Il retournera à six reprises en Himalaya, sillonnant Ladakh, Népal, Tibet Central et Karakoram. Contrairement à son premier voyage, il y prend un grand nombre de photos. «Le croquis est plus intime, plus vivant, mais en tant que document, c'est limité. La photographie permet d'enregistrer un grand nombre d'informations visuelles en un centième de seconde...» Pour autant, cette documentation ne limite pas son travail à du journalisme: s'ils sont nourris par ses voyages, ses albums relèvent avant tout d'une fiction où le monde est recomposé, transmuté. Son regard sur le Tibet, envisagé au début comme une terre légendaire, idéale, a évolué avec le temps. Cosey voit aujourd'hui un pays occupé par son voisin, victime d'un ethnocide engagé en 1959. La présence chinoise, d'après lui, est liée essentiellement à des motivations géostratégiques. Outre ses ressources minières et ses frontières avec l'Inde, le Pakistan et la Russie, le Tibet – qualifié parfois de «château d'eau de l'Asie» – possède un capital aquifère majeur. Tous les grands fleuves d'Asie prennent leur source au Tibet Central: Mékong, Brahmapoutre, fleuve Jaune (Huang), Indus, Irrawaddy, Salween... «Les Tibétains ne demandent qu'une forme d'autonomie et d'indépendance, surtout culturelle, mais la Chine ne veut pas en entendre parler, prétextant que ce peuple est une minorité chinoise, ce qui est faux! Ce pays a toujours constitué une nation indépendante...» Inscrite dans la veine de la «ligne claire»[3], traversée par l'amour du voyage, l'œuvre de Cosey, aux accents parfois militants, est très fortement marquée par la montagne. Outre les seize volumes de Jonathan, il a publié deux diptyques mettant en scène cet univers: *À la recherche de Peter Pan*, qui se déroule au début du XXe siècle dans le Valais suisse et *Le Bouddha d'azur*, qui a pour cadre le Tibet. *Tintin au Tibet* fait partie des livres qui l'ont incité à travailler sur la montagne, à s'emparer de ce matériau graphique pour y situer ses propres histoires... Ce livre, explique-t-il, est extrêmement moderne et original sur le plan narratif. Contrairement à toutes les histoires de bande dessinée publiées jusque-là, l'histoire d'Hergé fonctionne sans la présence d'un «méchant», d'un personnage négatif à l'image de Rastapopoulos dans ses albums antérieurs, ou de Patibulaire dans Mickey. «Pour autant, le livre fonctionne et développe une vraie tension dramatique, ce qui constitue un tour de force!»

Au-delà du thème et des personnages, Cosey se retrouve dans la manière qu'a Hergé de dessiner la montagne, envisagée comme un décor abstrait – démarche qu'il reprend à son compte. La haute montagne, selon lui, est un espace épuré, limité à trois éléments: le minéral, la neige et le ciel. Plaisir des yeux, ces taches grises sur fond blanc, surplombées par une masse bleue,

3. Associée au style d'Hergé, la ligne claire correspond à un graphisme sobre dont le souci premier est la netteté.

composent une œuvre abstraite, riche de possibilités. Cosey aime dessiner ces formes, car elles sont gratuites : « Si vous dessinez un arbre, un humain ou une voiture, il y a des logiques, ça va être juste ou faux. Il n'y a pas deux façons de les dessiner ! Ce qui n'est pas le cas d'un rocher émergeant dans la neige. Personne ne me dira qu'il est faux ! C'est une forme de facilité, d'une certaine façon, mais aussi une extraordinaire liberté, car on peut dessiner de l'abstrait en observation, concevoir des formes. » Grand amateur d'abstraction et d'art contemporain, il apprécie des artistes comme Anish Kapoor, James Turrell, ou encore Ellsworth Kelly. Parfois décrié, jugé par certains comme une imposture, l'art contemporain demande une initiation, une éducation du regard. Une fois l'œil accoutumé, le plaisir est au rendez-vous... Cosey puise dans ces œuvres une nouvelle vision du monde, permettant de s'affranchir des schémas imposés : on se contente de regarder des formes, ouvert aux perceptions et aux sentiments (angoisse, plaisir, etc.) qu'elles évoquent en nous... « C'est une expérience que je ne cherche pas à analyser rationnellement. Même si je peux le faire, bien sûr, je ne me creuse pas la tête pour comprendre à tout prix d'où provient mon plaisir de spectateur... » La montagne, espace des possibles et du renouveau pour les artistes ? Dans les dernières œuvres du peintre suisse Ferdinand Hodler, note-t-il, on se retrouve devant des montagnes extraordinaires, mi-réelles, mi-inventées... À l'image du littoral dans les ultimes toiles de Turner, où ciel et mer se confondent, la montagne abolit le distinguo entre figuratif et abstrait. « Cette frontière me fascine, parce qu'au fond elle est artificielle et n'existe pas ! C'est aussi intéressant de la regarder dans la vie, d'essayer d'enlever les étiquettes : annuler notre connaissance, nos certitudes, pour simplement ressentir, se trouver dans la perception pure. »

Voilà maintenant dix ans, Cosey a quitté la ville pour s'installer en montagne. Vivre dans un chalet en montagne est une forme de retraite pour cet homme fasciné par le silence et la vie monastique. Propice à la concentration, au retour sur soi, cet environnement n'a pas forcément les vertus spirituelles qu'on lui prête trop souvent. « On dit qu'en montagne on est "plus près du ciel" (ce qui est vrai), mais c'est le cas aussi en bord de mer ! Il n'est pas nécessaire de grimper, d'aller en hauteur, pour trouver la spiritualité, elle peut s'éprouver dans les embouteillages, en plein New York ! » Vivre en altitude est un gage de tranquillité et un gain de temps pour s'adonner aux sports de montagne. Cosey pratique le ski de randonnée depuis cinq ans et effectue de fréquentes randonnées dans les Alpes vaudoises ou bernoises. « Chaque matin, quand je me lève, je suis content de voir ces montagnes. Si le temps est beau, je travaille à fond jusqu'à trois heures de l'après-midi, maximum, pour aller ensuite skier ou marcher. C'est un luxe énorme que me permet mon métier, mais je ne vois pas pourquoi je n'en profiterais pas... J'ai remplacé le "métro boulot dodo" des urbains par "boulot rando dodo" ! » Récompensé en 2017 par le Grand Prix d'Angoulême, la plus haute distinction du 9e art, il publie cette même année son premier album en noir et blanc[4], dont une partie se déroule dans les Alpes suisses. « Il n'y a pas d'épopée spatiotemporelle. Comme souvent, c'est une histoire avec des êtres humains, des sentiments... Mes personnages ont soixante ans, comme moi. Ça m'amusait de choisir cette tranche d'âge, car elle est peu représentée dans la BD, où l'on s'intéresse plus à la jeunesse. C'est une nouvelle aventure pour moi. »

---

4. *Calypso*, Futuropolis, 2017.

Cécile Coulon

Écrivaine

Septembre 2021

Pas plus qu'avec les vieux amis, on ne peut tricher avec les lieux d'enfance. Toute vanité y est stoppée, neutralisée, tournée en dérision. À quoi bon mentir, pourquoi vous prendre pour quelqu'un d'autre? «Où que j'aille, quoi que je fasse, confie Cécile Coulon à propos de Saint-Saturnin, village auvergnat où elle a vécu pendant dix-huit ans, ça existera toujours, c'est un pied-à-terre au sens propre du terme, l'endroit où je peux mettre le pied, à terre, où je dois le mettre. C'est là. Je peux être qui je veux quand je pars, je peux raconter ma vie, vendre des livres, on peut me féliciter pour ça, mais quand je reviens, je ne peux pas faire "le fanfaron", c'est mon référent.» Situé à vingt kilomètres au sud de Clermont-Ferrand, Saint-Saturnin, qui compte aujourd'hui 1167 habitants, est bâti au pied des volcans, sur d'anciennes coulées de lave. Reliées par d'étroites rues en pente, les maisons s'accrochent à une colline coiffée par un château médiéval, que jouxte une église romane. «Tout est noir et vert, ici, avec la pierre volcanique, la verdure des champs et des forêts, la couleur des lacs… Ça évoque une Corrèze vallonnée.»

Depuis le jardin de ses parents, aussi loin qu'elle se souvienne, elle a eu sous les yeux deux montagnes marquantes, traçant une topographie intérieure: le puy de Dôme et son aiguille, boussole pour tous les Clermontois, phare d'altitude, et le massif du Sancy, source de nombreux souvenirs. Très sportifs, pratiquant notamment athlétisme, course à pied et tennis de table, ses parents l'emmènent très tôt en montagne avec ses frères, dans le Sancy et la chaîne des Puys. On ne parle pas de randonnée, à cette époque, mais de «promenades» assorties de pique-niques, de sorties qui balisent un territoire et le parsèment de noms: puy de la Vache, puy Pariou, lac d'Aydat, lac Chambon, vallée de Chaudefour, dent de la Rancune... Elle a une affection particulière pour le col de la Croix-Morand, passage vers ce monde magique, célébré par Jean-Louis Murat: «Il n'y a quasiment rien là-haut, sauf une auberge toujours bondée où on vient déguster des omelettes qui sont délicieuses! Ça fait partie des endroits mythiques pour moi! Je me souviens encore des déjeuners avec mes parents...» Ces sorties familiales, prolongées pendant les vacances chez ses grands-parents, dans la Drôme, par des randonnées dans le Vercors, ont rythmé son enfance. «Ça n'était pas de la haute altitude, mais il y avait du dénivelé, un sacré dénivelé! J'ai des souvenirs de gamine, pendant ces balades, avec cette phrase que tous les gosses prononcent: "Mais quand est-ce qu'on arrive?" On râle parfois, mais l'on rentre fatigué et... heureux. Et ça m'est resté: aller me balader en montagne est l'activité première, on y est tellement bien! Et c'est si triste (je ne dis pas que c'est moche) quand c'est plat...»

L'adolescence arrive. Cécile va étudier à Clermont à quatorze ans, empruntant matin et soir le car qui passe de village en village pour emmener les jeunes. Les randonnées avec les parents deviennent synonymes d'ennui. Pour autant, elle continue avec des amis à aller en montagne, à camper au bord des lacs de la région, à arpenter ce territoire. Elle garde de cette période un sentiment de liberté, de décontraction (ses parents la laissaient partir sans inquiétude) mais aussi de plénitude. Comme elle l'explique dans un de ses livres, *Les grandes villes n'existent pas*[1], elle n'a jamais ressenti l'ennui des petits villages que les citadins prêtent au monde rural. « C'est étonnant, écrit-elle, comme la plupart des gens pensent que les enfants aiment se promener dans les chemins, et leurs aînés dans les magasins de fringue. Le paradis pour les enfants : la campagne à portée de main [...]. L'enfer pour les adolescents : pas de salles de cinéma, pas de centres commerciaux. » Avec le recul, elle mesure combien ces marches ont forgé sa vision du monde. Si son imaginaire, comme celui de beaucoup de jeunes de sa génération, s'est développé avec des histoires mythiques et mystiques, des animaux chimériques, la perspective de villes ou de pays lointains, son regard doit beaucoup à ces sorties familiales. « Avoir ces paysages sous les yeux, être obligée de participer à ces promenades chaque semaine, quelle que soit la météo, a musclé en moi une certaine idée de la beauté et aussi de la persévérance... »

Cette persévérance se retrouve dans deux activités intimement liées pour elle, et qui structurent sa vie : la course à pied et l'écriture. Elle dispute son premier cross au collège, à douze ans, et, cinq ans plus tard, participe au cinq-kilomètres de « Courir à Clermont ». « J'étais dans un tel bon état en arrivant, je me suis dit que j'allais continuer, et je ne me suis jamais arrêtée... J'ai fait ça vraiment sérieusement depuis, parfois dans mon coin, parfois avec mes parents ou des amis. » Elle aime les sensations physiques de la course, la conscience de la vitesse et, via la production d'endorphine, cette euphorie, ce sentiment d'être en pleine possession de ses moyens. Sans être licenciée dans un club, elle va disputer de nombreuses compétitions et, au fil des années, courir des distances de plus en plus longues, 10, 20 et... 42,195 kilomètres. Le premier marathon qu'elle dispute en 2017,

1. Points, 2020.

à Clermont, est une étape importante dans sa vie, qui change la vision qu'elle a d'elle-même. Elle passe la ligne d'arrivée en se disant, *j'ai fait ça, maintenant je peux tout faire*... « On m'avait prévenue : "Malgré les douleurs à l'arrivée, tu n'auras qu'une envie dès le lendemain : préparer à nouveau un marathon !" Et c'est exactement ce qui s'est passé. Il y a sans doute quelque chose de l'ordre de la symbolique : si l'on est capable d'emmener sa tête et son corps sur 42 kilomètres, on est capable de beaucoup de choses dans la vie... Ça m'a beaucoup aidée dans mon travail d'écriture et de promotion de mes livres, mon travail d'éditrice, dans les moments parfois difficiles... »

Autrice de treize livres, romans, nouvelles, essais, poésie, couronnés par de nombreux prix – dont le prix littéraire du *Monde* et celui des Libraires –, Cécile Coulon a publié son premier roman, *Le Voleur de vie*, dès l'âge de... dix-huit ans. Cette précocité et cette fécondité littéraire n'ont rien à voir avec la précipitation ou un quelconque goût de la performance. Ils traduisent au contraire un tempérament profond, un rapport original entre vitesse, mouvement et concentration, tordant le cou aux clichés associant lenteur et profondeur, immobilité et méditation. « Quand on court, on trie ses pensées ; à chaque fois que j'ai eu un problème dans la vie, que je me suis fâchée avec quelqu'un, aller courir 10, 20 kilomètres m'a toujours permis de réfléchir à ce qui était en train de se passer et à me calmer : ça apaise, ça rend les choses plus horizontales, les émotions sont moins hiérarchisées, ça modifie aussi le langage, en profondeur... »

« On ne peut pas écrire sans courir », affirme-t-elle dans un texte consacré à la course, *Petit éloge du running*[2], qui revient sur l'histoire de cette activité, en analyse tous les aspects et dresse une anthologie littéraire, d'Homère à Murakami, en passant par

2. Les Pérégrines, 2021.

Tom MacNab, Alan Sillitoe ou encore Christopher McDougall (auteur de *Born to run*). Il y a selon elle une même logique de rythme et de respiration dans la course et dans l'écriture. « On n'écrit pas sans souffle, aucun livre n'est immobile, parce que l'écriture, le langage, même dans un texte ultra contemplatif, ne sont jamais immobiles. La vitesse, c'est aussi la vie, le désir. Quand on me parle de "désir immobile", je vois ce qu'on m'explique, mais je ne le comprends pas, parce que pour moi toute forme d'envie a besoin de feu, de souffle, elle doit être nourrie ! »

Admiratrice notamment de John Steinbeck, Stephen King, Marie-Hélène Lafon, Marguerite Yourcenar, ou encore Agota Kristof et Jean Échenoz, Cécile Coulon apprécie l'économie de moyens en littérature – qui rejoint parfaitement la course à pied. Le fait de ne pas s'alourdir, de ne rien emporter de superflu, de veiller au rapport « poids/puissance », vaut pour l'écriture et la course. « Je me suis toujours demandé, en regardant les Jeux olympiques, comment des hommes et des femmes si maigres – on dirait qu'ils vont tomber en morceau ! – peuvent aller aussi vite... L'idée qu'on a besoin de peu pour faire de grandes choses est essentielle pour moi ! » Nourris par une écriture nerveuse, adoptant une ligne claire, ses huit romans, qui se situent parfois à la lisière du fantastique et paraissent hors du temps, ont souvent la dimension du conte. « En tant que lectrice, j'ai du mal à lire un livre qui se passe à une époque et à un endroit précis. J'aime me perdre au fur et à mesure de ma lecture, ne pas savoir exactement où et quand on est. Le conte a souvent cette dimension intemporelle qui lui permet d'être lu par toutes les générations, adultes et adolescentes... » La nature et les limites qu'elle impose à l'être humain ont une grande importance dans son œuvre : « Les hommes estiment pouvoir dominer la nature [...], écrit-elle, elle n'a qu'à frémir pour qu'ils disparaissent. » De fait, chacune de ses histoires est située dans un espace naturel particulier : *Le roi n'a pas sommeil* a pour théâtre une scierie, *Trois saisons d'orage* se déroule en moyenne montagne, *Une bête au paradis* dans une ferme, et *Seule en sa demeure,* dans les forêts du Jura. Polar féministe et néogothique, revisitant le thème de Barbe Bleue, ce roman évoque le mariage arrangé d'une jeune fille avec un riche propriétaire habitant une demeure isolée. Quels secrets cache ce manoir et la forêt d'Or, qui l'encercle? «Beaucoup de gens ont peur de la forêt, surtout la nuit, persuadés qu'il leur arrivera les pires horreurs. Je ressens exactement le contraire: je ne trouve rien de plus rassurant qu'une forêt d'arbres drus où, à la rigueur, on peut croiser des animaux... Je suis beaucoup plus à l'aise dans cet espace qu'à Châtelet-les-Halles... C'est intéressant de voir comment nos angoisses sont créées intérieurement par des espaces fantasmés, qu'on ne connaît pas...»

Cécile Coulon a beaucoup marché dans le Massif central et la Drôme, bien entendu, mais aussi en Haute-Savoie (autour du lac d'Annecy), en Bretagne, ou encore sur l'île de Madère, qui l'a subjuguée. Si la course et la marche lui semblent complémentaires, entraînant un rapport spécifique au corps et au paysage, sa préférence est claire: «Si on me demandait entre ne plus jamais pouvoir marcher et ne plus pouvoir courir, mon choix serait clair: je garderais tout de suite la course!» Outre son travail d'écriture, elle a une activité d'éditrice qui l'amène régulièrement à Paris. Elle se partage entre la capitale, une maison d'altitude achetée avec des amis dans la Montagne bourbonnaise, et Clermont-Ferrand, sa ville, qu'elle n'a jamais quittée complètement. Bon marché, offrant une qualité de vie imparable (on peut aller courir ou randonner facilement dans les alentours), la cité clermontoise a pour elle un charme unique: «Quoi qu'on en dise, elle n'est pas très belle, cette ville, elle n'est pas folle, mais elle a un caractère, la pierre noire fait penser à Édimbourg, et j'aime cette atmosphère...» Clermont-Ferrand, dont l'expansion urbaine est freinée par les montagnes et leur barrière naturelle, incarne à sa façon une leçon de vie, un appel à l'humilité: se voir opposer des limites est important, d'un point de vue personnel et intime. «J'ai tendance, quand j'ai envie de faire quelque chose, à foncer tête baissée, à ne pas vraiment me poser la question de comment les autres vont le ressentir. Les limites me vont, j'aime jouer avec, ça me rassure beaucoup. Je suis à la fois quelqu'un de très têtu, et en même temps d'obéissant vis-à-vis des limites. Je suis un peu comme l'âne (animal montagnard par excellence) doté d'une espèce d'obstination silencieuse, qui ne fait de mal à personne tout en préservant l'espace...»

Boris Cyrulnik

Écrivain et neuropsychiatre

Juin 2015

Bordeaux, le 10 janvier 1944. On a parqué hommes, femmes et enfants dans la grande synagogue. Dans quelques heures, on conduira ces familles vers des camions, puis des trains qui les emmèneront vers l'est, pour un voyage sans retour. Un garçon – orphelin de six ans dont les parents sont morts en déportation – quitte le groupe avec lequel il se trouvait et se rend aux toilettes. Là, il s'enferme et, d'instinct, avec une facilité, une fluidité qui l'étonne aujourd'hui encore, après toutes ces années, grimpe et se calfeutre sous le plafond, appuyant les pieds sur une paroi et le dos contre le mur d'en face. Il ne bouge plus. Attend. Retient sa respiration. Des soldats allemands font irruption. Ils ouvrent les boxes les uns après les autres, pour s'assurer que personne ne s'y cache, mais ne songent pas à lever les yeux. L'enfant attend leur départ et, grâce à une infirmière qui le cachera à l'arrière d'une camionnette, sous un matelas où gît une femme blessée, échappe à la mort. «C'est ma première "expérience" d'escalade. Comme beaucoup d'enfants, j'ai toujours aimé grimper, mais le fait d'avoir pu m'évader en grimpant, d'avoir survécu, donnait une signification bien plus forte pour moi à l'escalade: elle était synonyme de liberté.» Boris Cyrulnik associera très vite cette liberté à la figure de l'alpiniste. Lecteur passionné de livres de montagne, notamment de Maurice Herzog et Gaston

Rébuffat, qu'il entrevoit comme un homme «marchant à mains nues sur la montagne», il est fasciné par ces figures d'altitude à la dimension héroïque: un alpiniste est un homme libre, quelqu'un qu'on ne pourra jamais arrêter, jamais mettre en prison car il pourra toujours grimper quelque part et échapper à ses ravisseurs...

Enfant, il est confié à diverses institutions, un peu partout en France: Villard-de-Lans, Hossegor, Oloron-Sainte-Marie... Il se souvient plus particulièrement d'une maison dans les environs de Saint-Jean-en-Royans, aux confins de l'Isère et de la Drôme. Autour du bâtiment, un paysage montagneux. En contrebas, une rivière qu'il entend appeler «la Bourne» et, de l'autre côté de la route, une paroi rocheuse surnommée l'Oignon. Imposante, massive, elle comporte un surplomb sur lequel les alpinistes locaux vont s'entraîner. Un matin, le jeune Boris décide d'escalader l'Oignon et entraîne dans son aventure un de ses copains. Les deux enfants s'engagent sur la paroi mais, dès la première longueur, son compagnon est bloqué. Il décide d'ôter ses chaussures pour mieux adhérer, mais perd l'une d'elles. Il fond en larmes. Boris continue et redescend par un petit sentier, sur le côté, pour chercher des secours. Les adultes, contre toute attente, le réprimandent à peine, alors que les conséquences auraient pu être fatales. L'événement constitue une tragédie pour son petit copain, mais pour lui, il prend un tout autre sens: grimper lui permet de prouver qu'il a le droit de vivre. «À cause de mon enfance particulière, ma famille ayant été mise à mort, j'ai longtemps pensé que je n'avais pas le droit de vivre. Dans ma névrose enfantine, il fallait que je gagne ce droit de vivre en me mettant en danger et en ayant recours à des comportements ordaliques[1].

1. Au Moyen-Âge, une forme de procédure en justice qui consistait à soumettre les plaidants à une épreuve physique dont l'issue, déterminée par Dieu, désignait la personne bien-fondée. En psychologie, on parle de «comportement ordalique» pour désigner les conduites à risques induisant un fort désir de valider son existence en la risquant.

L'ordalie, dans son étymologie, renvoie au jugement de Dieu: si tu ne meurs pas, c'est que Dieu t'autorise à vivre.»

Durant son enfance, Boris Cyrulnik se met souvent en danger, sciemment. Et d'évoquer l'épisode de Tarnos, dans les Landes. Les enfants organisent des batailles et, parfois, grimpent dans les arbres pour guetter l'arrivée des adversaires. Boris fait partie des guetteurs. Mais, contrairement à ses camarades qui redescendent de leur poste d'observation en glissant le long du tronc, il a sa propre technique: il rampe le plus loin possible jusqu'au bout des branches et, lorsque celles-ci plient sous son poids, il se laisse tomber, freinant sa chute en attrapant l'extrémité des suivantes. Autre image de cette période: Capbreton, où les adultes les emmènent parfois se baigner. «On nous avait dit de nous méfier de la marée descendante, mais j'aimais nager quand il y avait des vagues et des tourbillons; je me disais que si j'étais assez fort pour ne pas me laisser embarquer par le courant, je serais libre, je pourrais faire ce que je voudrais dans la vie...» Après la guerre, il retourne à Paris, où il sera en grande partie élevé par sa tante maternelle, Dora. À onze ans, il intègre le lycée Jacques-Decour, un établissement «rouge» du 9e arrondissement. «Les parents n'étaient pas très riches, et pourtant les gosses ont des biographies intéressantes, parce que c'était moins sélectif qu'aujourd'hui...» À quatorze ans, par l'intermédiaire d'un oncle – un ancien résistant droit comme un I, encore vivant! –, il adhère à l'Union des jeunesses républicaines de France (UJRF), d'obédience communiste. Cette décision revêt une grande importance. Elle a d'abord une résonance intime essentielle: «Ce n'était pas un engagement idéologique, mais un engagement de survie pour moi. Les communistes, qui ont eu par ailleurs leur part de crime, comme toutes les utopies, incarnaient l'opposition au nazisme. Or, presque toute ma famille ayant péri à Auschwitz, je n'avais pas le choix: si le nazisme gagnait, c'était la mort!» Mais cet engagement a aussi une dimension culturelle et sportive.

À travers l'URJF, Boris Cyrulnik découvre un monde ouvrier épris de théâtre, de musique et de littérature. Il se souvient d'ouvriers cultivés venant discuter de *Lorenzaccio*, de Zola, du TNP de Jean Vilar, ou encore des orchestres qui fleurissaient aux carrefours, à Paris. « Il y avait une vraie, une belle culture populaire, joyeuse... » Dans cette dernière, le sport a aussi sa part. Tous les dimanches, à Bastille, les jeunes prennent un car qui les emmène à Fontainebleau pour grimper sur les rochers. Boris Cyrulnik apprend les techniques de varappe. Il garde un très bon souvenir de ces sorties : les sentiers, l'odeur de la forêt, les « petites fiancées »... « C'était un enchantement de grimper et, le soir, il n'y avait pas besoin de somnifères pour dormir ! » Durant cette période, il va aussi pratiquer le ski, à Valloire. Il évoque de grands dortoirs où l'on dormait à trente dans des lits de camp et d'immenses skis en bois auxquels on fixait les chaussures avec... de la ficelle. « On glissait plus qu'on ne skiait et, pour faire des économies de forfait, on remontait les pistes à pied ! »

La montagne va l'accompagner toute sa vie. Boris Cyrulnik veut devenir neuropsychiatre. Après avoir effectué un internat dans un service de neurochirurgie, à Paris, il se rend en 1967 à l'hôpital de Digne pour se consacrer à la psychiatrie. Les trois années qu'il passera dans cette petite ville des Alpes-de-Haute-Provence, avec sa femme et leurs deux jeunes enfants, figurent parmi les plus heureuses de son existence. Hébergé dans l'hôpital, il dispose d'un cadre de travail simple, et pourtant privilégié à ses yeux : depuis son bureau (une planche avec deux tréteaux posés face à la fenêtre), il voit la ligne des montagnes, et notamment le pic du Cousson. « Je me levais le matin en éprouvant ce que les alpinistes appellent des moments de "bonheur parfait" – un sentiment d'équilibre et de plénitude assez fugace, où tout converge : les couleurs du ciel, la température et le corps, juste chauffé, pas encore épuisé, qui a trouvé son rythme... Certaines personnes se sentent enfermées en montagne, moi je me sens libéré dans cet environnement!» Durant cette période, Boris Cyrulnik va pratiquer régulièrement les sports de montagne: randonnée dans le massif des Trois-Évêchés et les gorges du Verdon, ski à Pra-Loup et Saint-Vincent, qui sont encore à l'époque de petites stations familiales. Il associe le ski au fait «d'être en montagne», éprouvant plus de plaisir à glisser qu'à descendre à toute vitesse. Le ski lui permet aussi de vivre des instants de bonheur parfait. Il se souvient de la station de Saint-Véran, un petit village du Queyras perché à 2000 mètres, où il s'est rendu à plusieurs reprises avec sa famille. «Cela se produisait le soir, quand je regagnais l'hôtel. La piste passait en amont du cimetière et, en apercevant les maisons, l'église, j'éprouvais un éclair de bonheur, un sentiment de beauté en glissant doucement dans ce décor...»

Le séjour à Digne sera très formateur pour Boris Cyrulnik. Loin du film *Vol au-dessus d'un nid de coucou* ou des écrits de Michel Foucault, il y découvre une psychiatrie qu'il qualifie de *poétique*. «Ce terme choque les gens, mais il y avait une poésie extraordinaire dans cet hôpital de province...» Contrairement à ce qui se passe à Paris et dans les grandes villes, où l'aliéné est un «fou» dont on a peur, infirmiers et malades se connaissent. Ils ont souvent été à l'école ensemble, se tutoient. Ce qui modifie notoirement les relations sociales et thérapeutiques: «Il n'y a pratiquement plus d'hospitalisations d'office dans les petits hôpitaux de province. Il faut vraiment que le gars mette le paquet pour qu'on envoie la police! Ses anciens copains de classe vont tout de suite le calmer: "Allez! Arrête un peu de déconner!"» Exercer la psychiatrie en montagne n'est pas anodin. Boris Cyrulnik va en effet pratiquer l'escalade avec ses collègues infirmiers dont certains sont aussi... guides de haute montagne. «Cela s'organisait souvent à l'improviste. "Si tu veux, me disaient-ils, demain, on va grimper dans la Clue de Barles!" Ils me disaient quoi faire, grimpaient en tête. C'étaient des rapports très amicaux...» Ce partage de la montagne, où le subalterne – l'infirmier – guide son supérieur – le médecin –, bouleverse la manière de travailler. « C'était moi qui décidais, théoriquement, mais s'ils avaient une opinion divergente, je les écoutais, parce que je savais qu'ils avaient des compétences dans d'autres domaines ; la hiérarchie n'était plus forcément verticale... » La fréquentation des sommets peut aussi concourir à améliorer les soins dispensés aux patients. Le chef de service de l'hôpital de Digne, le docteur Plas, décide d'emmener des patients schizophrènes dans une ferme de montagne. Avec des résultats spectaculaires. Boris Cyrulnik constate que leur tableau clinique est très différent dans cet environnement. « Dans cette ferme, ils étaient des personnes, certains étaient des cultivateurs, d'autres savaient maçonner, bricoler. La hiérarchie médicale n'était plus justifiée, ils savaient des choses que nous ne savions pas. »

Boris Cyrulnik achève son internat en 1970, mais ne trouvant aucun poste dans sa spécialité, la neuropsychiatrie, il doit quitter l'hôpital. « Dans un premier temps, j'ai été triste ; ensuite j'ai vu comment mes jeunes collègues ont été malheureux dans les hôpitaux, et finalement, ce petit malheur a été un coup de chance ! » En marge des conformismes et des certitudes, il va forger sa propre manière de comprendre l'Homme, empruntant ce qu'il appelle « les chemins de chèvres ». « Que ce soit pour le ski (je trouvais stupide d'utiliser ces grandes planches de 2,20 mètres, difficiles à manier !) ou la psychiatrie, j'ai toujours eu mes théories... » Pluridisciplinaire et curieux, Boris Cyrulnik a développé un champ de connaissance et de recherche assez vaste, agrégeant psychologie, neurologie, psychiatrie, psychanalyse. Il figure parmi les pionniers français de l'éthologie[2], dont a découlé son premier livre, *Mémoire de singe et parole d'homme*[3]. Mais il est

2. Science étudiant les comportements animaux et humains, dans une optique naturaliste.
3. Hachette, 1983.

surtout connu pour ses travaux sur la notion de résilience, qu'il a fait connaître au grand public. Issue du champ de la physique, où elle désigne l'aptitude d'un corps à résister à un choc, la résilience est un processus biologique, psychoaffectif, social et culturel qui permet un nouveau développement après un traumatisme psychique. Pourquoi certaines personnes, victimes de traumatismes majeurs, notamment durant l'enfance (abandon, guerre, inceste, maltraitance, etc.), parviennent-elles à s'en sortir, alors que d'autres restent prisonnières de leurs blessures ? Comment favoriser la résilience et aider le sujet à affronter les différentes étapes de la vie ? Boris Cyrulnik a consacré de nombreux ouvrages à cette question – *Un merveilleux malheur; Les Vilains Petits Canards; Le Murmure des fantômes* –, qui ont rencontré un grand succès et touché de nombreux lecteurs.

Écrivain humaniste, chercheur, enseignant et clinicien, Boris Cyrulnik a publié une vingtaine de livres, dont l'audience n'a cessé de grandir. Il vit depuis trente ans dans une maison bâtie en bord de mer (son « camp de base »), dans le Var, où il me reçoit. Une pièce fraîche, au rez-de-chaussée, dont les fenêtres donnent sur un jardin luxuriant... Son bureau, d'où l'on aperçoit la Méditerranée, est installé à l'étage, à côté des chambres réservées à sa fille et à ses petits-enfants. « Quand j'étais gosse, j'ai raconté à un copain qu'à l'âge adulte j'habiterais une maison au bord de l'eau, je verrais la mer à travers les arbres. À cette époque, j'avais aussi le projet d'acheter une maison en montagne... Nous avons envisagé pendant un moment d'acheter quelque chose à Barcelonnette, mais ça ne s'est pas concrétisé. » Pour autant, la montagne ne l'a jamais quitté. Il se rend tous les étés à Brunet, dans les Alpes-de-Haute-Provence, et va régulièrement marcher dans l'arrière-pays varois avec un groupe d'amis qu'il appelle « la bande ». S'il a consacré sa vie à écouter, il se révèle aussi un formidable conteur. De sa voix douce, enveloppante, il retrace les étapes d'une vie placée sous le signe de l'autre. Avant mon départ, il me montre son jardin, auquel il consacre beaucoup de soins. «J'aurai mes roses pompons dans une semaine. Je ne me lasse pas du spectacle de la nature ! Tous les matins, j'éprouve un véritable émerveillement en ouvrant mes volets. C'est un sentiment naïf, comme celui du lever de soleil, mais cette beauté, parce qu'elle est naïve, est justement fondamentale... »

Daniel du Lac

Grimpeur et guide de haute montagne

Septembre 2019

Perché au dernier étage d'un vieil immeuble, dans le quartier parisien du Marais, le pied-à-terre de Daniel du Lac évoque un refuge d'altitude : une pièce étroite aux murs nus, basse de plafond, coiffée d'une série de poutres. En se penchant depuis l'unique fenêtre, par-delà les toits, on aperçoit le dôme de l'église Saint-Paul, dont les cloches rythmeront notre conversation… L'appartement est à l'image de mon hôte : simple, chaleureux, sans affèterie. Installés de part et d'autre d'une table basse où s'étalent revues et cartes, nous allons retracer le parcours de cet aventurier hors normes, boulimique d'espace et touche-à-tout surdoué. Champion d'escalade et entraîneur de l'équipe de France, guide de haute montagne, alpiniste, skieur ou encore kayakiste émérite, participant à des raids multisports, mon hôte – qui a placé sa vie sous le signe de la joie, du partage et de l'audace – est un amoureux des sports de nature, affrontant les éléments sur tous les continents.

Né à Montpellier, il grandit dans les Cévennes, à Saint-Martin-de-Fugères, village situé sur le chemin de Stevenson. « Évoluer dans un tel environnement a contribué à mon amour des grands espaces, et à cette aspiration qu'ont les enfants : voir plus haut, plus loin, ce qui se passe derrière… » Tous deux éducateurs spécialisés, ses parents, qui ont placé le sport au cœur de leur projet pédagogique, initient très tôt leur fils aux sensations et aux valeurs de ces activités. À six ans, dans la vallée d'Arestonica, en Corse, il découvre la montagne, effectuant ses premiers pas sur un névé et s'essayant à la grimpe. L'année suivante, il descend en canoë la Dordogne, puis l'Allier. « Ces deux expériences m'ont donné le goût de ce type d'itinérance, de façon sans doute inconsciente. Je n'ai fait depuis que reproduire ce genre d'aventure... » Inscrit dès cette période dans des clubs de sport de Mende, en judo et en kayak, il va vite accorder sa préférence à la verticalité : « Les joies de l'escalade ont tout de suite eu un caractère prédominant, rien ne dépassait à mes yeux cette activité ! »

Pensionnaire à La Chapelle-en-Vercors, avant d'intégrer une classe « sports nature » au lycée de Die, il va faire de la montagne une seconde nature, découvrant durant ces années le ski de randonnée, pratiquant escalade et alpinisme tous azimuts, des Calanques au massif du Mont-Blanc. Daniel du Lac révèle des aptitudes rares. Il est admis à dix-neuf ans dans l'équipe de France d'alpinisme jeunes FFME (Fédération française de montagne et d'escalade), avec laquelle il partira l'année suivante en expédition au Pérou. Conseiller technique à la FFME, Jacky Godoffe se souvient de leur rencontre à L'Argentière-la-Bessée, l'été 1990, où la fédération organisait des stages pour recruter de futurs champions d'escalade. « J'ai vu débarquer un petit gars de quatorze ans avec son sac à dos, qui revenait d'un spot de canoë-kayak et faisait de la course à pied, était un grimpeur assez étonnant, une espèce d'hyperactif assez doué... » Jacky Godoffe est impressionné par l'énergie du jeune homme (« il dépotait bien ! »), son style unique, mais aussi par sa curiosité. « On a proposé à tous les sportifs de grimper au sommet d'une montagne avec 500 mètres de dénivelé, le plus vite possible... Les trois quarts étaient désarçonnés, rechignaient à suivre. "C'est trop bien ça !" a dit Daniel, qui s'est lancé aussitôt. Il a toujours eu envie d'explorer des terrains inconnus, sans avoir nécessairement la base. Il se dit : "et pourquoi pas ? " »

Daniel du Lac semble guidé par cette question, comme si la vie consistait en une série d'aventures dans lesquelles on s'engage avec enthousiasme, peut-être même candeur, avec l'envie de dépasser ses limites, de tout tenter, tout essayer. «J'ai une grande curiosité par rapport aux activités de plein air, de montagne et, ne sachant pas faire de choix, pendant longtemps j'ai fait le choix de tout faire, tout le temps!» On pourrait reprendre le rythme de la chanson de Bashung, «La nuit, je mens», pour décrire sa frénésie d'espaces: on l'a vu en Norvège réaliser la première descente en kayak d'un rapide, à Madagascar équiper une voie nouvelle en terrain d'aventure, au Mali gravir la voie *Armatan rodéo*, ou encore au Brésil, puis aux Philipines, afin de disputer avec Éric Loiseau (champion du monde de course au large) l'Elf authentique aventure... Ce raid multisport, sur lequel on le surnomme «le Candide», convient à merveille à sa polyvalence et à son endurance: il faut y enchaîner canoë-kayak, escalade, descente en rappel, spéléologie et équitation... C'est surtout une expérience humaine qui le rapproche de son coéquipier: «Dans l'adversité et la souffrance se créent des liens indéfectibles. Sans heurts, sans épreuve partagée, il n'y a pas d'amitié, que ce soit en montagne ou dans d'autres domaines. Un projet commun dont la difficulté exige de se coordonner, de s'harmoniser, va tisser des liens profonds et durables...»

2004 est *l'annus mirabilis* pour Daniel du Lac: il est successivement champion de France, d'Europe et du monde d'escalade. La compétition est, d'après lui, un des moyens pour montrer son excellence et s'améliorer lorsqu'on est passionné par une activité, quelle qu'elle soit. Sans fausse modestie, il reconnaît que ces résultats «gravés dans le marbre» ont flatté son ego, mais que l'essentiel est ailleurs. «Ce qui reste aujourd'hui, ce sont surtout les gens, russes, ukrainiens, américains, rencontrés durant cette période de ma vie, lors des épreuves. Une admiration mutuelle, une amitié s'est nouée, un respect. On sait combien il est difficile de se faire une place dans le monde de la compétition. Et ça n'est pas forcément par la victoire qu'on va obtenir un nom, mais plutôt par l'attitude, le panache...» L'amitié, l'entraide et le partage, qui lui étaient enseignés au lycée de Die, sont au cœur de ses pratiques. «Je ne suis pas un solitaire égoïste, je peux faire des choses seul, mais j'éprouve un profond plaisir à partager ce que je fais. Donc à partir à deux, à quatre... La notion de cordée a énormément de valeur pour moi. J'ai notamment été bercé par les histoires et les anecdotes d'un grand alpiniste, Lucien Bérardini, que j'ai eu la chance de rencontrer et avec lequel j'ai grimpé...» Daniel du Lac semble avoir trouvé en la personne de Sylvain Tesson, devenu un ami proche et un compagnon de cordée, son alter ego. Les deux hommes se sont rencontrés en 2006 à Dijon, pendant le Festival des écrans de l'aventure, où Daniel du Lac présentait son film *Désert vertical*; ils ont immédiatement sympathisé, partageant une même passion pour la montagne, un goût prononcé pour la fête et un besoin constant de célébrer la vie. «Sylvain m'a initié ce soir-là au toast cosaque, un breuvage slave à base de vodka. Au-delà de l'alcool, de l'ambiance de cette soirée un peu folle, j'ai tout de suite aimé sa générosité, son tempérament d'esthète. On s'est promis de se retrouver pour grimper ensemble...»

Depuis une dizaine d'années, Sylvain Tesson et Daniel du Lac pratiquent ensemble alpinisme, escalade et ski de randonnée. De la vallée de Chamonix au Hoggar, en passant par le Yémen, la terre de Baffin ou l'Oberland bernois, les deux hommes, qui ont notamment réalisé une traversée des Alpes, ont arpenté de nombreux massifs. Sylvain Tesson, qui dépeint son ami comme un «Tom Sawyer de l'alpinisme», est impressionné par la sûreté de son instinct en montagne, ainsi que par son «esprit d'enfance». Il y a en lui une gaieté, une fantaisie, explique l'écrivain, un caractère primesautier, pour reprendre l'expression utilisée par Maurice Leblanc à propos de son héros Arsène Lupin. Du Lac a le primesaut: «Je n'ai jamais vu quelqu'un qui se prenait si peu au sérieux. Il fait du monde et de la montagne un terrain de gaieté, de fantaisie, ce qui est merveilleux! Si vous le réveillez à 3 heures du matin pour lui proposer d'aller grimper ici ou là, si tout ce qui est raisonnable vous incite à ne pas y aller, il ira quand même, parce que sa fantaisie sera plus forte que sa raison!» À rebours d'un alpinisme empreint de gravité, Daniel du Lac, qui a appris avec Christophe Profit à pratiquer la montagne à contretemps, sait enchanter ses ascensions. L'alpiniste a toujours des cigares cubains sur lui, ainsi qu'une flasque de whisky «pour se soutenir» après l'effort. Lorsqu'il arrive le soir au refuge, il lit de la poésie, écrit des cartes postales à ses amis ou fait des farces... «On peut juger ses débordements enfantins, note Sylvain Tesson, mais je trouve que c'est une qualité merveilleuse, qu'il faut à tout prix entretenir: il a un goût profond pour la vie. Ça explique peut-être sa longévité, sa forme: il fatigue moins vite que les autres...» Cette bonne humeur a accompagné l'ascension du mont Blanc que l'alpiniste a effectuée pendant l'été 2014 avec Sylvain Tesson, Jean-Christophe Rufin et l'éditeur Ludovic Escande. Urbain et hyperanxieux, ce dernier n'avait aucune expérience de la montagne. «Il y a eu des moments de doute, raconte Daniel du Lac, des instants de panique quand la difficulté était trop grande...» Et de raconter l'épisode de la pointe Percée, où Ludovic Escande se retrouve tétanisé sur une petite vire, après 200 mètres d'escalade assez raides. Ses compagnons de cordée essaient de le dérider, lui proposent de s'asseoir, de boire un peu et de se relaxer. «Je lui ai mis la main sur l'épaule, pour le rassurer, et c'était reparti quelques minutes après...» Cette ascension rappelle que l'alpinisme, tout en forçant l'individu à sortir de sa zone de confort, à dépasser ses limites, peut être aussi une fête, une expérience de vie, une vie en soi.

À quarante-trois ans, Daniel du Lac regorge toujours d'énergie, de curiosité et de projets. Entraîneur de l'équipe de France d'escalade, il essaie de transmettre aux athlètes ses valeurs, le fruit de ses expériences. « Tout ce que je fais doit être partagé mais aussi avoir un sens, même si ce sens n'est pas le fruit d'une anticipation, d'une réflexion évidente au départ : c'est plutôt une folie, une discussion de comptoir qui motive un départ en voyage. L'aventure prend son sens au moment où elle est vécue… » Il a accompagné cette année Gilles Lelièvre (double champion du monde de canoë) lors de son voyage en kayak de la source du Danube à la Méditerranée. « Je n'ai fait qu'une partie du périple, de la frontière bulgare à la Grèce, mais j'ai eu le sentiment de voyager à travers le temps, l'histoire, la géographie, la politique, la mythologie… » Avant que je ne reparte, mon hôte sort une carte IGN qu'il déplie sur la table, afin de me montrer les diverses étapes de son aventure. « Daniel, confie Sylvain Tesson, provoque toujours la stupeur dans les refuges de montagne car il continue à se diriger avec une carte papier. Ce geste est typique de son esprit d'enfance, car la carte est un jouet d'enfant : vous l'ouvrez et c'est la piste au trésor… »

Valentine Goby

Écrivaine

Septembre 2022

Où situer l'instant premier, l'image fondatrice ? Comment distinguer mémoire et imagination, récits familiaux, photos et « authentiques » souvenirs ? La différence est souvent ténue. Dans les albums de famille, Valentine Goby se voit en montagne avec ses parents, devant le chalet familial d'Allos, dans les Alpes-de-Haute-Provence, mais elle est incapable de dater les clichés. « On y passait beaucoup de temps, été comme hiver ; je pense que j'ai mis des skis aux pieds peu de temps après avoir appris à marcher ! Il y a une confusion qui se fait pour moi... »
Née à Grasse, Valentine Goby a grandi à Châteauneuf-Grasse, dans une vieille bastide entourée d'oliviers, terrain de jeu idéal pour l'enfance. Sa mère est tisserande, et son père, parfumeur. « Je suis une caricature de Grassoise, fille, petite-fille, arrière-petite-fille de parfumeur ; je viens d'une famille très implantée, avec des racines profondes... J'ai eu une enfance dans laquelle la nature était vraiment centrale, le rapport aux plantes, aux odeurs, tout ce qui est très sensoriel... C'est un cadeau que j'ai reçu de mes parents, des gens qui avaient vraiment un corps, en faisaient quelque chose... » Ce monde des senteurs associé à son père, qu'elle évoquera des années plus tard dans un court récit,

Baumes[1], est aussi un monde complexe et envahissant: «Ce n'est pas insignifiant que j'ai été asthmatique dans une région dans laquelle il n'existe pas de saison sans pollen, il y a quelque chose de moi qui a dû dire : "Je cherche mon territoire..."» Ce territoire, avec lequel elle entretient un rapport viscéral, sera la montagne – un monde qu'elle peut s'approprier, un monde où elle respire. Ses parents achètent un chalet à Allos (à deux heures de route de Grasse), à 1400 mètres d'altitude, où la famille se rend fréquemment. Spacieuse, chaleureuse, ouverte sur un vaste panorama, la bâtisse est un petit royaume où l'on accueille régulièrement des amis. «On avait nos rituels, chaque été: on allait au lac d'Allos et au mont Pelat. On faisait toujours les mêmes marches... Nous n'étions pas dans l'exploration, mais dans les retrouvailles avec un lieu.» Au-delà des bienfaits sur son asthme, ces séjours en altitude offrent de nouvelles perspectives et permettent de prendre de la hauteur: dans ce territoire où chacun arrive avec la même ignorance (ou la même connaissance), les relations avec ses deux frères et ses parents sont remises à plat; les hiérarchies ne sont plus les mêmes et les cartes semblent rebattues.

Valentine Goby est l'héritière d'une solide généalogie montagnarde. Née en Savoie, sa grand-mère paternelle pratiquait en effet... l'alpinisme. «C'était une sorte d'aventurière: il n'y avait pas tant de femmes que ça, nées au début du XXe siècle, qui faisaient de l'alpinisme! Mon père (qui est un excellent skieur) et ses frères étaient familiers de la montagne. Je crois que maintenant, c'est moi qui porte le flambeau! J'ai l'impression que ces origines savoyardes ont infusé en moi, mêlées à ce versant purement méditerranéen et joyeux! Il y a toujours ce rapport à la nature et à la lumière...» La montagne en toute saison marque l'enfance et l'adolescence de Valentine Goby. Ses parents l'emmènent skier à

1. Actes Sud, 2014, coll. Essences.

Gréolières-les-Neiges, une station située à quarante minutes de Grasse. La glisse, qu'elle aime passionnément, constitue pour elle un ensemble de mouvements chorégraphiés qui vont contre le corps ; il faut que ce dernier épouse de façon naturelle des mouvements et des gestes qui lui sont totalement étrangers, jusqu'à ce qu'ils deviennent une autre façon de se mouvoir… « J'aime beaucoup chaque fois que dans un livre la dimension chorégraphique peut intervenir, c'est-à-dire chaque fois qu'on sort du pur instinct et de la pure animalité, parce qu'on est dans un mouvement d'apprentissage, qui va nous transformer en profondeur, et s'intégrer ensuite complètement au corps. »

Ses parents revendent le chalet d'Allos lorsqu'elle a quinze ans. La famille va explorer d'autres massifs comme celui du Beaufortain, et arpenter les domaines skiables de Tignes ou encore de Méribel… Débute bientôt la période étudiante. Elle quitte Grasse et s'installe à Paris où elle intègre Science Po. La montagne se fait plus rare dans sa vie, faute de temps et aussi de moyens. Une fois diplômée, elle va passer trois ans en Asie du Sud-Est où, à sa manière, elle va renouer avec la randonnée. Avant de se rendre aux Philippines, dont le seul sommet remarquable est le volcan Pinatubo, elle passe un an au Vietnam. Résidant à Hanoï, elle travaille pour une association humanitaire s'occupant d'enfants des rues. On est en 1994. Le pays vient juste de s'ouvrir aux étrangers. Elle découvre un décor sépia, comme sorti d'une vieille carte postale, où rien n'a changé depuis des décennies : absence de moteurs, d'infrastructures touristiques… « J'avais l'impression, en croisant ces paysans portant leurs chapeaux coniques, de faire un voyage à reculons, de me trouver dans un monde sorti d'un livre d'histoire ! » Son séjour vietnamien est l'occasion d'un voyage dans le temps mais aussi dans l'espace. Elle va en effet randonner dans les montagnes situées au nord du pays, vers la frontière chinoise, dont le point culminant, le Phan Xi Pang, atteint 3 143 mètres d'altitude. Elle explore là-bas une nature totalement préservée et croise des populations, les ethnies Hmong, qui n'avaient jamais vu d'Occidentaux. « C'étaient des expériences très fortes de relation au paysage et de rencontres, même si nous ne savions pas comment discuter avec eux – ils ne parlaient même pas vietnamien… » Valentine regagne l'Europe, trouve du travail et, peu à peu – d'abord avec le ski puis à travers la randonnée –, reprend contact avec la montagne, avec laquelle elle entretient un rapport charnel. Elle éprouve une sensation d'appartenance à ce monde. « J'ai toujours tourné mon corps du côté du relief, que j'interprète au sens strict du mot : c'est l'existence même, pour moi, qui prend du relief dans ces paysages-là. Il y a une démesure, des effets de contraste, des gouffres, des pics, le froid, le chaud, la vivacité des couleurs, la brillance, qui donnent une espèce d'amplitude à la sensation même d'être vivant – que je ne ressens pas du tout devant la mer. »

2002 est une date charnière… Elle passe son voyage de noces au Pérou, où elle effectue un trek dans la cordillère Blanche qui la mène à Punta Union, à 4750 mètres d'altitude. Cette même année, elle publie son premier roman, *La Note sensible*[2], s'engageant en littérature dans la même foulée. Car la marche et la création romanesque vont de pair et, ainsi que l'a formulé Claudie Hunzinger dans *Les Grands Cerfs*, « la montagne a un sens aigu de la narration ». « Je crois que quand on aime raconter des histoires et les vivre, tous ces plissements, ces caches, ces surprises permanentes, ces révélations constantes d'un paysage génèrent du suspense. Chaque seconde en montagne incite à la découverte, à la curiosité, nous maintient dans un état d'éveil permanent ! » De livre en livre, elle va tisser au cours des années une œuvre exigeante, ambitieuse, marquée par une grande sensualité, une jubilation du langage, un plaisir à nommer et à raconter. Elle a publié à ce jour

2. Gallimard.

quinze romans ainsi qu'une trentaine d'ouvrages pour la jeunesse. Reconnus par le public et la critique, ses livres, où la nature est très présente, croisent parfois l'Histoire. *Kinderzimmer*[3], qui a obtenu treize prix littéraires (dont celui des Libraires), évoque le destin d'une déportée donnant naissance à un enfant dans le camp de concentration de Ravensbrück, en 1944.

Valentine Goby a réuni, en 2022, montagne et littérature en publiant *L'Île haute*. Ce roman dense, délicat (dont l'idée est née lors du premier confinement de 2020), décrit l'apprentissage et la découverte de la montagne : un jeune garçon parisien atteint d'asthme, Vadim, arrive en hiver dans une vallée isolée où il fera l'expérience de la vie en altitude, des saisons, et éprouvera ses premiers émois amoureux... On découvre peu à peu pourquoi l'enfant a été envoyé dans ce lieu reculé dont les habitants, les couleurs et les senteurs nous sont lentement dévoilés. L'autrice situe son histoire à Vallorcine, où elle s'est rendue à de nombreuses reprises, hiver comme été, amassant une foule d'observations, de notes et de photographies. Mais ce livre hors du temps, ainsi qu'elle le précise, n'est en aucune manière un documentaire ou une monographie. « Il ne s'agit plus vraiment de Vallorcine... Avec une base géographique bien réelle, j'ai développé un territoire à la lisière du réel et du conte, en y adjoignant mon désir d'émerveillement et de beauté, qui était particulièrement exacerbé par ce confinement, et mes souvenirs... » En écrivant ce livre, Valentine Goby, qui a été notamment nourrie par *Le Voyage aux Alpes* de Victor Hugo, a été confrontée à la complexité de « dire » la montagne. Lectrice de Paolo Cognetti, Erri De Luca, ou encore Marie-Hélène Lafon, elle a relevé – avec succès – le défi que les reliefs représentent pour les écrivains. « Ce roman est un enjeu de langage, une tentative pour nommer ce qu'est

3. Actes Sud, 2013.

une expérience radicale d'émerveillement qui, par définition puisqu'elle est merveilleuse, est au-delà du langage...» Parmi ses nombreux versants, *L'Île haute* rapporte comment les paysages façonnent les êtres. À travers la figure du prêtre, de l'instituteur, de la famille d'accueil du jeune protagoniste, le lecteur découvre ce qu'est la vie en montagne: comment les saisons, la lumière, la longue présence de la neige imposent leur rythme... Au cours de ses nombreux séjours à Vallorcine, Valentine a appris à connaître les habitants et leur mode d'existence. Contrairement à ce que pensent les touristes, constate-t-elle, la montagne n'est pas un lieu dédié aux activités sportives. Les montagnards, dont les corps sont nés du travail, n'ont pas du tout l'esprit de la conquête. «Ils sont complémentaires les uns des autres et savent tout faire: être paysan, poser les voies de chemin de fer, fabriquer leurs vêtements, etc. Ce sont pour moi des magiciens! Je trouve ça très beau, à une époque où nous vivons dans une société de services où l'on paye les gens à faire à notre place: voilà un monde où l'on se sert de son corps, où subsiste une matérialité de la vie...»

L'écriture de *L'Île haute* s'est étroitement combinée avec la randonnée: Valentine Goby a effectué ses premiers repérages à Vallorcine au cours de l'été 2020, alors qu'elle effectuait le tour du Mont-Blanc. La montagne semble avoir (re)pris une place centrale dans son existence. L'homme avec lequel elle partage aujourd'hui sa vie est en effet passionné de marche. «On a fait de la rando lors de nos premières vacances, et je pense que j'ai trouvé l'homme de ma vie... J'ai eu une espèce de certitude, un ancrage... C'est extraordinaire de partager ça avec la personne qu'on aime!» Ensemble, ils sont allés marcher en Islande, dans les Dolomites et, cet été, ont effectué la traversée des Pyrénées sur le GR11, sur le versant espagnol, en partant de Candanchú. Rétive aux randonnées de groupe, Valentine aime le silence et la solitude lorsqu'elle se trouve sur un sentier. Par-dessus tout, elle apprécie le fait que le temps, en montagne, n'est plus conditionné par aucune nécessité, si ce n'est climatique ou organique (l'approche d'un orage, la traversée d'une rivière, la faim, etc.). « C'est très reposant parce qu'on n'est plus le lieu unique de la décision, ce qui est souvent une source de stress très forte : on est tout le temps en train de prendre des décisions. J'aime m'en remettre à la nature, car elle ne cherche pas à vous manipuler, à profiter de vous, de votre vulnérabilité... L'idée d'être vulnérable sans danger me plaît : c'est un peu comme dans un grand amour, ou dans la relation filiale. »

Cédric Gras

Écrivain et voyageur

Septembre 2018

La scène évoque *Boucle d'or et les trois ours*: quatre garçons suivant leurs parents sur un sentier, chacun portant un sac à dos à sa dimension. Cédric Gras a cinq ans lorsqu'il découvre la montagne. Sa famille habite Viroflay, en banlieue parisienne. Tous deux enseignants, ses parents sont passionnés de randonnée et adeptes du grand air. Chaque été, ils emmènent leurs enfants camper en Vanoise. «Mon père et ma mère ne faisaient pas d'alpinisme. La marche était un moyen de nous canaliser physiquement... Ils nous ont transmis très tôt ce goût pour la montagne, qui me semble un milieu d'initiés: il est plus difficile d'y venir adulte, on a besoin d'un passeur. Je leur suis très reconnaissant de m'avoir embarqué là-bas.» Cédric garde des souvenirs globalement heureux de cette période. Alliés à un passage chez les scouts, dans une troupe très axée sur la vie dans les bois, ces séjours lui ont donné le goût de l'effort et lui ont appris à se débrouiller dans le milieu naturel, à devenir autonome. À l'adolescence, fasciné par Chamonix, lieu mythique entrevu comme un Graal, Cédric Gras va se tourner vers l'alpinisme, éprouvant l'envie de monter plus haut et de passer à «l'étage blanc». Lecteur de Frison-Roche, Gaston Rébuffat ou encore Hermann Buhl, qu'il découvre à la bibliothèque municipale, où sa mère l'emmenait le mercredi, il ressent ce qu'il nomme «l'appel des cimes», écho vertical de «l'appel du large». Il se considère comme un alpiniste «auto-formé», voulant tout faire seul, parfois «un peu n'importe comment...» «Je n'ai jamais suivi de formations ou de stages; je le regrette beaucoup, même si c'est encore réparable. J'ai beaucoup regardé dans les livres pour apprendre la technique. Je ne suis pas un très bon grimpeur de rocher, parce que je suis grand et lourd, même si je peux grimper en tête. J'ai par contre un excellent sens de l'équilibre et suis à l'aise pour marcher sur les terrains chaotiques les plus instables, avec de gros blocs de pierre...»

Au cours des années 2000, en compagnie d'un de ses frères ou avec des amis, il va écumer les sommets des Écrins, de la Vanoise et du massif du Mont-Blanc. Il réalise notamment la haute route des Écrins, gravit les Agneaux, le Pelvoux et la Meije, effectue la traversée des dômes de Miage, l'ascension du mont Blanc et de la dent du Géant, des aiguilles de Rochefort et de Bionnassay. Parmi les souvenirs marquants, il évoque l'ascension hivernale de la face nord de la Grande Casse par le couloir des Italiens, l'année de ses dix-neuf ans. «C'était une des montagnes mythiques pour moi. Gamin, quand nous passions nos vacances à Champagny-en-Vanoise, je la regardais avec respect; elle m'impressionnait... Ça m'a fait un peu rire de grimper là-bas parce que c'était une manière de tuer l'enfance...» Le goût de la montagne va se conjuguer à celui des voyages, tournés résolument vers... l'est. En 2001, il se rend au Tibet. Désireux de vivre un périple au long cours, une «odyssée continentale», il décide de passer par la Mongolie, dont il souhaite sillonner les steppes, choisissant un itinéraire moins fréquenté. Il séjourne cinq mois consécutifs dans la région, se déplaçant souvent à pied, à cheval ou à vélo, disposant de moyens très réduits. «Comme tous les passionnés de montagne, j'étais fasciné par l'Himalaya, le Tibet... Ce voyage, le plus long que j'aie jamais fait, en définitive, a été fondateur pour moi. Ça marque profondément, même si on ne s'en rend pas compte sur le moment. J'ai pris le goût du voyage cette année-là. Définitivement.» Quatre ans plus tard, il revient en Himalaya, cette fois au Pakistan, dans le massif du Karakoram. Accompagné d'un ami italien, Flaviano, il ambitionne de gravir un sommet vierge sans grande difficulté (apparente). «L'idée de la découverte me motivait beaucoup, plus qu'une performance technique dont j'étais de toute façon incapable! La montagne, finalement, est toujours un des derniers territoires vierges sur la planète parce qu'elle est difficilement accessible; son exploration, étant inutile, n'a pas été achevée.» L'expédition tourne au désastre. Dans un couloir de glace en pente raide, Cédric fait une chute occasionnant de multiples fractures, dont celle de la cheville et du péroné. La cordée devra se laisser glisser en bas du couloir, tant bien que mal; les deux garçons patienteront quarante-huit heures aux abords d'un glacier avant d'être secourus par les hélicoptères de l'armée pakistanaise, alors en guerre contre l'Inde au Cachemire. « C'est ainsi que je fis mes premiers pas vers l'est, écrit Cédric Gras dans un de ses ouvrages[1]. J'ignorais encore que j'y passerais une décennie d'exil volontaire.»

Il découvre la Russie en 2006, lors d'un séjour à Omsk, où il termine ses études de géographie. Cette prise de contact augure d'une longue expatriation dans la région: après avoir enseigné un an à l'université de Vladivostok, il créera et dirigera l'Alliance française de Donetsk. À cause du conflit dans l'est ukrainien, il rejoindra l'Alliance française de Karkhov jusqu'à l'été 2015, puis celle d'Odessa. Au cours de ces années, Cédric va sillonner les territoires de l'ex-URSS et de l'Asie centrale dans différents contextes. En 2012, à l'occasion du 200e anniversaire de la retraite de Russie, il voyage avec Sylvain Tesson, ralliant Moscou à Paris en side-car. De ce périple naîtra un livre: *Bérézina*[2]. Quatre

1. *Saisons du voyage*, Stock, 2018, p. 93.
2. Sylvain Tesson, Guérin, 2014.

ans plus tard, il participe à la 61e expédition antarctique russe sur les bases Progress et Mirny. Les pôles et la haute montagne, dont les paysages finissent par se ressembler, entretiennent selon lui de profonds parallèles. « L'Himalaya est souvent qualifié de "troisième pôle"... On y retrouve les mêmes plantes qu'à certaines latitudes... Les géographes ont d'ailleurs établi des correspondances entre l'altitude et la latitude : 1000 kilomètres équivalent environ à 100 mètres d'altitude... » Cet attrait marqué pour le Grand Nord est relié à la montagne : Cédric retrouve dans ces terres la même atmosphère et le même type de climat continental, alternant journées plutôt chaudes et nuits froides. Ces voyages aux antipodes sont-ils reliés aux randonnées enfantines en Vanoise ? « C'est certainement une manière de retrouver les sensations premières, de graviter dans un environnement comparable à celui de la montagne, qui m'a toujours plu et dans lequel je suis bien... »

Écrivain voyageur prolifique, Cédric Gras a déjà publié de nombreux récits, nouvelles et romans. *Vladivostok, neiges et moussons*[3] ; *Le Nord, c'est l'Est : aux confins de la Fédération de Russie*[4] ; *Le Cœur et les Confins*[5] ; *La Mer des Cosmonautes*[6]... Les titres de ses ouvrages expriment clairement son attrait pour l'Asie centrale et ce qu'il nomme l'Eurasie. « Je suis atteint du "syndrome de Marco Polo"... J'ai toujours été attiré par ces montagnes, ces steppes, ces immensités continentales que ne borde aucune mer. Au fil du temps (j'ai de nombreux amis là-bas), mon attrait topographique s'est enrichi d'une passion pour la littérature, la poésie, la musique et la langue. » Cédric Gras, qui parle couramment russe, lit « dans le texte ». Il a une passion particulière pour

3. Phébus, 2011.
4. Libretto, 2015.
5. Phébus, 2014.
6. Paulsen, 2017.

Ivan Bounine (1870-1953), prix Nobel de littérature en 1933, auteur notamment de *La Vie d'Arséniev*, roman autobiographique où revient le thème de l'enfance. L'ouvrage dépeint une période troublée de l'histoire russe où la jeunesse, dans le contexte de la dictature tsariste, s'intéresse aux théories socialistes apparaissant en Occident. « Bounine évoque ce milieu, il est pris par le tourbillon de l'époque, de la vie, mais il ne prend pas parti. Cette attitude m'a touché car je suis comme ça, moi aussi, incapable de m'engager, y compris pour des causes que je trouve honorables ; je ne suis pas militant, et peut-être que le voyage me définit : j'ai choisi de partir, le monde me dépasse... »

La question du voyage est au centre de son ouvrage *Saisons du voyage*[7]. Revenant sur ses nombreux périples, Cédric Gras, qui a lu tous les classiques du genre, d'Alexandra David-Néel à Nicolas Bouvier, en passant par Ella Maillart et Claude Lévi-Strauss, fait part, avec une lucidité désenchantée, de ses interrogations. Ayant parfois l'impression d'arriver « trop tard », il exprime un tiraillement entre une forme de nostalgie inhérente aux voyageurs, ainsi qu'aux alpinistes, avides de retrouver des mythes, de palper « l'authentique », et la volonté de voir les choses telles qu'elles sont. Sa formation de géographe l'a amené à comprendre et accepter le monde tel qu'il est aujourd'hui, à rentrer dans des problématiques qui n'étaient pas celles du voyageur du XXe siècle : mégalopoles, banlieues et zones industrielles... Constamment partagé entre deux regards, d'humeur changeante, il plaide pour une conception non sacralisée du voyage, acceptant laideur, ennui et lenteur. « Le touriste veut tuer les temps morts, vivre à tout prix quelque chose d'extraordinaire ! Or, je pense que le voyage, c'est justement s'engager dans l'espace mais aussi dans le temps, et accepter de fait l'ennui. »

7. Stock, 2018.

Voyageur infatigable, Cédric Gras regorge d'idées et d'énergie. Lorsque nous nous retrouvons dans un café parisien près de Port-Royal pour réaliser cet entretien, il m'explique revenir de Bodaïdo, ville sibérienne située à 882 kilomètres au nord-est d'Irkoutsk. Il y effectuait des repérages avec Luc Jacquet (réalisateur notamment de *La Marche de l'empereur*), qui souhaite adapter un de ses livres, *L'Hiver aux trousses*[8]. L'image prend une importance croissante dans son travail : il vient de réaliser un film avec Christophe Raylat, *Oural, à la poursuite de l'automne,* qui a obtenu le prix Ushuaïa TV. Nous connaissons tous « l'Oural », y situant le terminus de l'Europe, mais sans savoir à quoi il ressemble... On imagine parfois de grandes montagnes, alors qu'il s'agit d'une vieille chaîne très érodée. « La seule difficulté vient du fait qu'une partie, la plus élevée, se trouve très au nord, quasiment dans le cercle polaire. Nous avons rencontré les nomades de l'Oural polaire, des peuples qui sont un peu à l'origine de l'Humanité, et réalisé l'ascension du plus haut sommet, le mont Narodnaïa. Il n'y a aucune difficulté technique particulière, mais c'est une course assez étrange, plus "horizontale" que "verticale", où il faut marcher très longtemps, avec la sensation de s'enfoncer dans la carte horizontalement, plus que vers le haut... » La Russie reste au cœur de ses pensées. Il écrit également sur les alpinistes russes Evgueni et Vitali Abalakov. À travers le destin inouï de ces deux frères, auxquels on doit les fameux « crochets Abalakov », bien connus des pratiquants, Cédric retrace l'épopée de l'alpinisme soviétique au XXe siècle, imprégnée par l'idéologie socialiste. « Ils abordaient la montagne de manière très collective ; il était hors de question de partir seul, et même de partir avec un ami sans déclarer son ascension et obtenir une autorisation d'ascension... Ce n'était pas un alpinisme de catastrophe, contrairement aux

8. Stock, 2015.

idées reçues: ils étaient obsédés par la prudence, la sécurité! Ils se situaient à rebours de l'alpinisme occidental valorisant parfois l'exploit et la gloire solitaires...»

Cédric Gras a sillonné toutes les montagnes du globe, que ce soit en Europe, en Amérique Latine ou en Asie. Malgré les splendeurs entrevues sous toutes les latitudes, il garde une tendresse particulière pour l'Himalaya où la montagne est «habitée», dans tous les sens du terme. Loin d'être un lieu hostile, comme c'est parfois le cas ailleurs, la montagne accompagne les populations locales, présidant à leur vision du monde; elle est dans la peinture et la spiritualité. Cette imbrication par la montagne du ciel et du divin diffuse une force et une énergie qu'il n'a pas retrouvées ailleurs... «Le sommet des montagnes a toujours rapproché du ciel. On évoque souvent l'idée de "bout du monde" à propos de la Patagonie, mais la Terre est ronde, elle ne s'achève pas dans une notion d'horizontalité, mais de verticalité: le vrai bout du monde, l'authentique frontière de la Terre, celle qui nous rapproche du cosmos, c'est la montagne...»

Claudie Hunzinger

Écrivaine et artiste plasticienne

Septembre 2020

« Il n'est sans doute pas anodin que je vive en montagne, explique Claudie Hunzinger. C'est pour moi comme un rêve d'enfant qui se serait perpétué... » Malgré les années, les images de ce rêve premier, fondateur, sont gravées dans sa mémoire. Été 1944. Elle a quatre ans. Ses parents avaient loué une marcairie[1] dans les Vosges, très isolée, à 900 mètres d'altitude, au-dessus de la vallée de Munster. Elle découvre une gamme de sensations, images, parfums, formes et sonorités : l'écoulement des ruisseaux, le goût des myrtilles, la texture des foins, la couleur des fleurs sous le soleil, campanules et perce-neige, les chatons des noisetiers... « Toutes ces choses qui apparaissaient pour la première fois se sont inscrites en moi et m'ont marquée durablement. Ça m'accompagne. » Claudie Hunzinger a grandi dans une Alsace annexée par l'Allemagne, où il était interdit de parler français à l'extérieur de la maison (sa mère, professeure de français, avait dû arrêter l'enseignement). Dans ce climat oppressant, la montagne offrait une respiration. Chaque été,

1. Marcairie (ou marquairerie) : bâtiment agricole dépendant d'une ferme, de petite à moyenne taille, établi dans les alpages du massif des Vosges, le plus souvent sur les hautes-chaumes, et parfois dans des vallons isolés des Vosges moyennes. Il se compose d'une étable et de deux pièces destinées l'une à la transformation du lait, l'autre au stockage ou « dépôt » pour l'affinage des fromages cuits.

la famille quittait Colmar pour gagner cette marcairie perdue, synonyme de liberté. «Ces étés passés dans la sauvagerie ont été extrêmement importants pour moi; l'idée d'un habitat isolé, précaire et sans confort, m'a beaucoup marquée et s'est imprimée en moi – je n'ai jamais recherché le confort par la suite.» Du rêve, cependant, la montagne peut parfois virer au cauchemar. À onze ans, Claudie Hunzinger, que ses parents considèrent comme «une enfant terrible», est placée en pension avec son frère aîné dans un lycée d'altitude à Briançon, dans les Hautes-Alpes. Elle ne rentre chez elle qu'à Noël, souffre de la solitude et de l'éloignement, s'adapte mal à la vie d'interne, se sent comme mise en pénitence. «Ça a été une année épouvantable! Je ne supportais pas les immenses dortoirs et les montagnes qui nous entouraient, raides, escarpées, presque hostiles – le contraire des Vosges. J'ai aussi fait une expérience désastreuse du ski, me retrouvant en haut d'une pente, incapable de la descendre et devant déchausser mes lattes en bois pour regagner la vallée...» Elle se réconciliera une vingtaine d'années plus tard avec les sommets alpins, lors d'un séjour à Zermatt, l'été 1976. Sillonnant les prairies en pente au milieu des tapis de fleurs, du foin fraîchement coupé, elle y retrouvera la beauté et l'harmonie associées aux montagnes de son enfance.

Ces dernières, entre-temps, sont revenues au centre de sa vie. En 1964, elle a décidé de rejoindre son compagnon, Francis, qu'elle connaît depuis l'âge de cinq ans, dans une ferme des Vosges adossée au mont Brézouard, à 750 mètres d'altitude, au-dessus de la vallée de Lapoutroie. Enfants de Mai 68 avant l'heure, précurseurs, ils souhaitent élever des brebis dans ce domaine de treize hectares nommé *Bambois*. Diplômé de la Bergerie nationale de Rambouillet, ce qui lui permet d'acheter du terrain auprès de la SAFER[2], Francis est un grand lecteur de

2. Société d'aménagement foncier et d'établissement rural.

Giono, dont l'œuvre fourmille de figures de bergers. « Garder un troupeau tout en rêvant, en lisant, était une sorte de rêve littéraire pour lui, explique Claudie, qui enseignait à l'époque le dessin au lycée Bartholdi de Colmar. Quant à moi, je suis issue d'une famille de professeurs et d'universitaires, mon chemin aurait été que je poursuive du côté de l'université, une fois mon CAPES acquis… Il en a été tout autrement. »

L'adaptation à la vie d'altitude ne se fait pas sans difficulté. Les deux citadins, qui vivent une immersion assez brutale avec leur troupeau et de nouvelles responsabilités, doivent endurer la rigueur du premier hiver. Les éléments représentent une épreuve, mais insufflent aussi une énergie, une force qui fascine et emporte l'adhésion : « C'était plus passionnant qu'autre chose ! » Le métier d'éleveur comporte aussi ses aléas et ses déboires : Claudie et Francis ont acheté des moutons Bleu du Maine, race de plaine habituée aux pâturages gras qui s'avère inadaptée aux pentes des Vosges. « On s'était totalement trompés ! » Assez vite, le couple décide d'abandonner l'élevage pour se consacrer au tissage, à la teinture et à la laine. Francis se rend dans les Pyrénées pour y acquérir une trentaine d'agnelles ainsi qu'un bélier manech, race rustique dont la toison est rêche et longue… Peu de temps après, le couple voyage en Écosse, dans les alentours du loch Ness, afin d'étudier les techniques locales de teinture végétale, ainsi que les races de brebis comme la Lincoln Longwool, dont la laine est brillante et bouclée. Ce séjour d'exploration leur permet d'échanger avec des éleveurs, des gentlemen-farmers, de découvrir de nouvelles techniques et de constater les correspondances que ce pays, doté d'une même flore, entretient avec le massif des Vosges. Sillonnant ces montagnes granitiques aux reliefs adoucis, ces grandes étendues de bruyère parsemées de lacs, Claudie se sent en pays frère. « La montagne est mon pays. Quand on me demande ma nationalité, je dis : "Je suis de la montagne." Quelque chose unit ceux qui vivent en Écosse, en Transylvanie ou dans les

Pyrénées... Lorsque j'ai rencontré l'essayiste George Steiner[3], en 1980, je lui ai dit que j'habitais en montagne. "Moi aussi, m'a-t-il répondu, je suis de la montagne." Il était né en effet à Vienne, ville entourée de sommets. Il y a une identité commune à la montagne, qui dépasse les frontières... »

La pratique du tissage et de la teinture réussit au couple, qui vit largement de son travail durant les années 1970, vendant sa production dans une boutique de la rue du Bac, à Paris. Claudie Hunzinger, qui écrivait de la poésie depuis l'adolescence et avait obtenu le prix de poésie de l'Académie d'Alsace en 1955, racontera cette aventure vosgienne dans un premier roman publié en 1973, *Bambois, la vie verte*[4], qui aura beaucoup d'écho. Les années 1980 marquent un tournant. Claudie est lassée par le travail de tissage et de teinture, dont elle estime avoir fait le tour. Reprenant le flambeau de son grand-père, un instituteur qui possédait de magnifiques herbiers et savait nommer les plantes, elle décide d'explorer patiemment l'espace alentour, flore puis faune, et d'en faire le matériau vivant de son œuvre d'artiste et d'écrivaine. « Nous étions prisonniers sur place à cause du troupeau, comme sur une île. Quelque chose de clos, mais dans la montagne, et qu'il fallait explorer. » À rebours d'une montagne de conquête, de sommets à gravir, d'exploits à accomplir, elle privilégie l'idée d'une exploration immobile. Rappelant par certains aspects l'esprit du film *Microcosmos*[5], consacré aux insectes, sa démarche s'apparente à une éducation du regard et de la sensibilité, à une façon de saisir la beauté et l'intensité de ce qui existe autour de soi. « Je tiens à affirmer qu'en France, il y a des zones, justement en montagne, que l'on peut explorer sur place, non pas en avançant, mais en

3. Francis George Steiner (1929-2020) est un critique littéraire, linguiste, écrivain et philosophe, auteur notamment de *Maîtres et disciples*, *Réelles présences* et *Les Antigones*.
4. Stock.
5. *Microcosmos, le peuple de l'herbe*, 1996, de Claude Nuridsany et Marie Pérennou.

s'effaçant, en devenant invisible.» De cette aventure immobile, elle va tirer la matière et le sujet de son œuvre de plasticienne, dans laquelle elle explore le concept du livre et de la violence qui lui est faite. En 1985, elle commence la série des *Bibliothèques en cendres*, exposée à l'hôtel Salomon de Rothschild de Paris. Ce sera ensuite, avec les années 2000, celle des *Pages d'herbe aux écritures géantes*, qui feront notamment l'objet d'une installation dans une médiathèque de Strasbourg, en 2006. «Quand j'ai su que fabriquer du papier avec les plantes se pratiquait depuis deux mille ans en Orient, j'ai aussitôt voulu savoir ce qu'il en était des végétaux d'ici. Et dès la première feuille en pulpe de fougère que j'ai obtenue, j'ai remarqué qu'il s'agissait d'autre chose que d'une simple feuille de papier: elle était déjà écrite.»

En parallèle à ce travail de la matière, celui des mots. Lectrice notamment de Jack London et Henry David Thoreau, Claudie Hunzinger a publié une dizaine de livres, romans et récits, dont *La Survivance* et *La Langue des oiseaux*, qui s'apparentent à un sismographe de ce domaine d'altitude où elle est installée depuis plus d'un demi-siècle. Son ouvrage *Les grands cerfs* a obtenu le prix Décembre. Alter ego de l'autrice, la narratrice de ce livre énigmatique et envoûtant investit une cabane d'affût dans les Vosges pour contempler les cerfs tapis au cœur des forêts. Au fil de ses observations, elle apprend à connaître ces animaux, à apprécier leur beauté, à faire corps avec eux et saisir la menace qui va les frapper... Claudie est émue par la grâce de ces créatures, les seules sur Terre à avoir cette ramure fabuleuse, qui semble les couronner, et s'apparente pour elle à «une antenne cosmique faisant le passage entre la Terre et un autre espace». «Cela a sans doute frappé les premiers humains qui les ont représentés sur les parois de Lascaux...» Elle et son compagnon sont particulièrement attachés aux cerfs, revenus dans le secteur l'année même où ils se sont installés, au moment de la déprise agricole, de l'abandon des fermes les plus difficiles. «Ils n'étaient que quelques-uns au départ, et nous n'étions pas très au courant de ce qui nous entourait... Nous avons trouvé en eux des frères en sauvagerie, car nous sommes venus ici par goût de la sauvagerie, du repli, des plis et des replis, des endroits sauvages, de tous ces sites cachés. La forêt est un sanctuaire pour nous comme pour eux. »

Ce sanctuaire d'espèces et d'essences que représente la montagne est-il aujourd'hui menacé ? Claudie Hunzinger observe ces dernières années d'inquiétantes évolutions qui semblent illustrer ce qui se produit à l'échelle de la planète, où la logique marchande prévaut. Le domaine de Bambois est situé dans une zone pionnière de l'agriculture de montagne, dont les grandes prairies de fauche par souci de rendement, font l'objet d'épandages de lisier[6]. Pas forcément incompatible avec l'agriculture biologique, le lisier permet de faucher trois fois plutôt que deux, mais il détruit la biodiversité de manière irrémédiable : par son azote artificiel, il favorise les plantes les plus grasses, les plus rapides, et tue une prairie en trois ans ! « Nous avons vu disparaître en quelques années les fleurs et les papillons, les oiseaux qui leur sont liés... C'est pourtant d'une simplicité que tout le monde pourrait comprendre – mais c'est comme si on ne voulait pas le voir. Il manque une éducation de base aux sciences naturelles. Ce n'est pas un problème de pesticides, ni même de réchauffement climatique, c'est une question agricole. » Les forêts, de la même manière, deviennent d'immenses usines soumises à cette logique du rendement. Alors que les Vosges comptaient autrefois beaucoup de feuillus, on y replante un maximum de résineux, que l'on peut couper plus vite (les fameux « sapins des Vosges » n'étant arrivés en réalité qu'après les feuillus). Dans le même temps, on ne tolère plus la présence des renards qui sont toujours traqués,

6. Effluent agricole mélangeant déjections d'animaux d'élevage et eau, dans lequel domine l'élément liquide. Il peut également contenir des résidus de litière en faible quantité.

alors qu'ils jouent un rôle : en éliminant les mulots infestés de tiques, ils contribuent (entre autres) à éradiquer ces parasites. Et on ne tolère pas davantage la présence des cerfs. « Tout est lié ! La disparition de la biodiversité est quelque chose de palpable ici, on peut même parler de dévastation ! L'ONF, qui détermine notamment le quota de cerfs à tirer, a réinvesti les dernières zones sauvages où ces animaux pouvaient encore vivre en clan. »

Si elle réfute les étiquettes de féministe ou d'éco-féministe, souvent réductrices, en tant que femme, et donc proie potentielle, Claudie Hunzinger ressent un destin commun avec les cerfs, dénués d'attitude conquérante ou dominatrice. « Le féminin – je ne dis pas "les femmes", parce que c'est quelque chose qui fluctue dans les genres : un homme peut bien être plus féminin, plus yin que yang – permet des passerelles, une possible amitié. Je n'ai jamais ressenti d'altérité irréductible en face d'un animal ; j'ai l'impression que les animaux volent pour nous, qu'ils sont nos ailes, que les salamandres rampent pour nous, elles nous prolongent, nous élargissent. Nous ne sommes pas simplement humains, fermés, clôturés. Ces animaux sont une part de nous ; je pense que si on arrivait à comprendre ça, ce serait vraiment formidable ! »

Axel Kahn

Médecin généticien et écrivain

Mars 2014

«J'ai marché toute ma vie, je suis un grand marcheur devant l'Éternel!» confie Axel Kahn. C'est au Petit-Pressigny, un village tourangeau où il est élevé en nourrice, qu'il prend goût à la marche – «il n'y avait pas d'autre moyen pour se déplacer, que voulez-vous!» – et la nature. «Je crois bien avoir ressenti très tôt que mon milieu naturel; ma matrice, en quelque sorte, était constituée des chemins et des forêts, des prairies fleuries et des animaux de la ferme», écrit-il dans son livre *Pensées en chemin, ma France des Ardennes au Pays basque*[1]. Dès l'adolescence, il part en auto-stop et à pied à travers l'Europe, sac au dos, allant d'une auberge de jeunesse à une autre. Il profite des vacances pour se replonger dans ce monde de nature auquel il est tant attaché. Il découvre l'univers de la haute montagne à l'âge de quatorze ans, lorsqu'il séjourne au préventorium des Soldanelles, à Chamonix (plusieurs cas de tuberculose se sont déclarés dans sa famille et il vient de développer une primo-infection). Il est ébloui par le décor chamoniard: le Brévent, le mont Blanc, l'aiguille du Midi. «C'était magnifique!» Pendant cette convalescence, il lit avec

1. Stock, 2014.

ferveur toute l'œuvre de Frison-Roche, qui va considérablement le marquer. «Je pouvais contempler de ma fenêtre les sommets dont parlaient les romans, les Drus, les Aiguilles-Rouges... J'avais l'impression de vivre les livres, d'être plongé dans l'histoire!» Trois ans plus tard, il va retourner à Chamonix dans le cadre d'un stage de l'UCPA, au cours duquel il apprendra les techniques d'encordement et de marche sur glacier. Amateur de randonnée alpine, il n'a toutefois jamais pratiqué l'escalade: «Je ne suis pas à l'aise dans les parois. Je me suis encordé sur névé et glacier pour des raisons de sécurité, mais en règle générale, j'essayais d'éviter les passages où il était indispensable d'utiliser ce matériel...»

À l'âge adulte, il va consacrer plusieurs semaines, chaque année, à la pratique de la randonnée en haute ou moyenne montagne, d'abord avec un groupe d'amis, puis en couple. En totale autonomie, campant près des torrents et des lacs de montagne, il va explorer tous les massifs français, Vosges, Pyrénées, Massif central, Alpes... Il a une tendresse particulière pour l'Oisans, et en particulier la vallée de Freissinières, où il s'est rendu fréquemment. Tour du Viso, tour de l'Oisans, haute route pyrénéenne: Axel Kahn aime les randonnées au long cours et confie avoir un «pas rapide» – il n'a jamais fait moins de cinq kilomètres à l'heure dans les parcours accidentés. Même aujourd'hui, à soixante-dix ans, il confie évoluer en montagne à raison de 500 mètres de dénivelé à l'heure (et être capable pendant une heure de pousser son rythme à 600!). La marche, pour lui, est indissociable de la pensée. Elle constitue un moment tout à fait privilégié pour être avec soi-même, explique-t-il. Cela peut se faire dans le flux continu des sollicitations d'un magnifique paysage de montagne, mais aussi lors d'une marche en plaine, dans des territoires plus anodins. Dans ce contexte, le randonneur convoque ses propres images, souvenirs, qui emplissent totalement la marche et créent un état de réceptivité magnifique à la pensée...

Autre dimension étroitement liée à la marche, surtout en montagne: la beauté. «Je suis un amoureux fou de la beauté, c'est probablement l'une des seules sensations qui aient la capacité de m'émouvoir autant.» Et de raconter quelques moments poignants en montagne, gravés dans sa mémoire. Le premier a lieu dans les Pyrénées-Orientales, durant l'été 1987. Il se trouve avec sa femme au pied du mont Carlit, une «espèce de pain de sucre» de 2400 mètres d'altitude. C'est le soir. Ils viennent d'installer la tente et contemplent une série de lacs s'étalant à leurs pieds. Ils sont seuls, installés sur des herbes rases. Ils distinguent une marmotte à quelques mètres et, un peu plus tard, des isards. Saisi par l'esthétique simple, et en même temps parfaite de l'instant, Axel Kahn éprouve une sensation de bonheur foudroyante. «C'est un des moments les plus heureux de ma vie...» Il éprouvera le même type d'émotion quelques années plus tard, en redescendant du mont Gelas, dans le Mercantour. Ils viennent du Viso après une étape assez longue. Sa femme est fatiguée. Avant d'aborder la vallée des Merveilles, ils décident de planter la tente à proximité d'un lac, sur une langue de terre située entre deux névés. Son épouse s'allonge pour se reposer, éclairée par le soleil couchant. Brusquement, tous les éléments du décor s'agencent à la manière d'un tableau délicatement composé. «Ce paysage – un des plus beaux des Alpes –, avec cette femme lasse éclairée par les rayons obliques du soir, ma petite tente près du lac, les deux névés qui tombaient, est devenu un spectacle inoubliable...» Si la montagne rime avec émotion esthétique, bonheur partagé, elle peut aussi être associée à la mélancolie et devenir un territoire de solitude. 1976. Il se trouve avec des amis dans la partie sud du GR20, en Corse. Après avoir passé le col de Vizzavona, le groupe s'engage sur une arête qui se dirige vers le monte Renoso puis le monte Incudine. Brutalement, Axel Kahn est envahi par un profond sentiment de désespoir... «J'ai été saisi par le contraste entre la joie immense que je ressentais, devant la beauté de ce paysage où j'évoluais, et le fait que jamais je ne pourrais la faire partager à mon père, que j'aimais tant, et qui était disparu quelques années plus tôt. Je me suis mis à pleurer comme une madeleine ! » Afin que ses amis ne remarquent rien, il accélère le pas et parvient pratiquement en courant au sommet de l'Incudine, où il a le temps de se calmer avant l'arrivée des autres. « C'est pour moi un souvenir extrêmement fort lié à la montagne... »

Frère du journaliste Jean-François Kahn, avec lequel il a signé un ouvrage[2], Axel Kahn, est le fils du philosophe Jean Kahn-Dessertenne. Le suicide de ce dernier marque profondément le jeune Axel, auquel, avant sa mort, il a laissé un message personnel : « Sois raisonnable et humain. » Cette devise guidera sa vie. Docteur en médecine avec une spécialisation en hématologie, docteur ès sciences, il devient chercheur à l'INSERM et intègre en 1972 l'Institut de pathologie moléculaire de l'hôpital Cochin, futur institut Cochin (qu'il créera en 2002 et dont il assurera la présidence pendant six ans). Ses travaux portent sur le contrôle des gènes, les maladies génétiques, le cancer, ou encore la nutrition. Axel Kahn a publié plus de cinq cents articles dans des revues scientifiques internationales comme *Nature*, *Cell*, *Nature Genetics*... Outre ce travail de chercheur, il a assumé de nombreuses responsabilités dans de grands instituts ou universités. Président de la Commission du génie biomoléculaire, il a notamment été membre du Comité consultatif national d'éthique, président de l'université Paris Descartes et président de la commission recherche de la Conférence des présidents d'université. Scientifique, humaniste et citoyen engagé, il est fréquemment intervenu sur des sujets touchant aux aspects moraux et sociaux de la médecine, de la génétique et des biotechnologies. Hostile au clonage thérapeutique, qu'il jugeait attentatoire « à la dignité

2. *Comme deux frères*, Stock, 2006.

humaine», soutien actif au mouvement de chercheurs Sauvons la recherche, il s'est opposé en 2007 à l'utilisation des tests génétiques dans le cadre du regroupement familial. Candidat PS aux législatives de 2012, dans la 2e circonscription de Paris, cet homme de gauche a néanmoins pris position en faveur de la réforme sur l'autonomie des universités, en 2009, qui a suscité l'opposition d'un grand nombre d'enseignants-chercheurs[3]. À soixante-dix ans, Axel Kahn garde une allure quasi juvénile: silhouette filiforme (il a longtemps pratiqué le marathon), visage émacié, regard vif et espiègle… Il évoque avec beaucoup d'humour et d'autodérision ses mésaventures en randonnée, notamment sa rencontre avec un ours, dans les Pyrénées espagnoles, alors qu'il s'était perdu, ou encore les 1000 kilomètres parcourus à pied dans Paris lors de sa campagne électorale («ça monte quand même parfois, il y a le Panthéon, la montagne Sainte-Geneviève!»). Son récit est émaillé d'éclats de rire tonitruants et communicatifs – un rire spontané et sans calcul.

Il me reçoit chaleureusement dans son bureau de l'université Descartes, rue Saint-Jacques. La pièce, de petite taille, est meublée avec simplicité et encombrée de livres. Aux murs, des reproductions de Fragonard, Modigliani, Vermeer (*La Jeune Fille à la perle*), témoignant d'un goût pour les portraits de femmes… Sur un meuble, dans un angle de la pièce, des photos de famille et de nombreuses statuettes de chevaux. L'équitation est en effet l'autre grande passion d'Axel Kahn, qui a même dirigé un centre équestre. «Je suis un homme de cheval», écrit-il dans *Pensées en chemin, ma France des Ardennes au Pays basque,* relatant son périple de 1600 kilomètres à pied à travers la France effectué en 2013. Du 8 mai à la mi-août, il a sillonné l'Hexagone des

3. Axel Kahn a publié un ouvrage avec Valérie Pécresse, ministre de l'Enseignement Supérieur et de la Recherche: *Controverses, Université, sciences et progrès*, NiL Éditions, 2011.

Ardennes (La Rhune) au Pays basque (Saint-Jean-de-Luz). La genèse de ce périple remonte à la fin des années 1980, quand il a lu *Chemin faisant*, l'ouvrage dans lequel Jacques Lacarrière décrivait son voyage à pied depuis Saverne, dans les Vosges, jusqu'aux Corbières. Axel Kahn avait savouré le style merveilleux de ce texte déroulant une vraie philosophie du chemineau, décrivant la France rurale d'alors, contant ses impressions et aventures de «vagabond» dans des populations sédentaires. Il a voulu repartir sur les traces de Lacarrière, en dessinant une grande diagonale encore plus ample, allant du nord-est au sud-ouest. Outre sa longueur, ce voyage était nouveau pour lui car pour la première fois il partait… seul. Depuis son divorce, au milieu des années 1990, il avait en effet arrêté la randonnée en montagne. «J'ai eu du mal, à l'époque, à reprendre avec quelqu'un d'autre ce que j'avais l'habitude de partager en tête à tête…»

Axel Kahn s'est assigné une triple quête pour ce voyage: de lui-même, des territoires parcourus et de leurs habitants. Toutefois, comme il le précise d'emblée à son interlocuteur, il n'a pas appris grand-chose sur lui-même, car il adorait déjà la nature, la beauté gratuite. Il confie en revanche avoir découvert un sentiment nouveau et exaltant: la liberté. «Jusqu'alors, j'étais accaparé par des postes à responsabilité très prenants, allant jusqu'à diriger un établissement de 40000 étudiants avec 5000 salariés et 450 millions de budget annuel! Là, je n'étais responsable de rien, de personne – que de moi –, et je pouvais véritablement faire ce que je voulais… Je n'avais pas réfléchi à cet aspect et ça a été la cerise sur le gâteau!» Sa grande découverte, au cours de ce voyage, réside dans ses rencontres avec les habitants et la découverte d'un pays en crise profonde. «Je ne m'étais pas attendu à ressentir aussi douloureusement l'état de la France et des Français que j'ai croisés. J'ai véritablement vu le "tissu humain" et observé un syndrome de "sécession"!» Village après village, il constate les séquelles des désastres industriels et de la crise: des populations assommées par les épreuves, accablées par la dureté du présent et désespérant de l'avenir. Ce sentiment se traduit par un repli sur soi, un sentiment de dépossession (leurs vies sont conduites par les «autres», Paris, Bruxelles, le monde), et la déferlante des votes en faveur du Front national. Axel Kahn ne juge jamais ses interlocuteurs, il écoute, dialogue. Regorgeant d'anecdotes, d'émerveillements devant la beauté des paysages traversés (notamment le mont Beuvray et les monts du Forez), *Pensées en chemin* est un récit de voyage original et incarné, drôle et touchant. À la paix intérieure et à une quelconque quête spirituelle, l'auteur préfère les personnages qui jalonnent son parcours... Enrichi par cette aventure, Axel Kahn a décidé de reprendre la route dès cet été. Il tracera cette fois la diagonale inverse, allant de la pointe du Raz à Menton. D'autres paysages, d'autres rencontres, d'autres perspectives...

Marie-Hélène Lafon

Écrivaine

Mars 2019

On l'oublie trop souvent: bien avant d'être un espace dédié aux activités, un terrain de jeu arpenté par les skieurs, les alpinistes, les randonneurs (et aujourd'hui les coureurs), la montagne est un lieu de vie. Depuis des générations, des femmes et des hommes y travaillent, y élèvent leurs enfants. Au quotidien, alors que les voies de communication sont parfois rares et difficiles, les distances importantes, ces familles affrontent ce qui paraît banal, allant de soi pour le citadin: se rendre à son travail, emmener les enfants à l'école, aller faire ses courses... Parmi ces habitants, certains non seulement résident en montagne mais ils en vivent: les agriculteurs. Marie-Hélène Lafon a grandi dans une ferme du Cantal, au nord-est d'Aurillac. Dans son acception première, ce monde évoque pour elle la moyenne montagne, un relief rond et bombé, un pays gras, velu, pelu, une herbe charnue où le pied rebondit. Cette montagne est habitée par «les bêtes», c'est-à-dire les vaches (le Cantal est le premier département de France pour les estives des bêtes à cornes). Voilà comment elle décrit l'univers de son enfance: «La maison se dressait, seule, au milieu de 33 hectares de terre! Aucun village, aucune ferme à proximité. Depuis les fenêtres, nous apercevions les terres dévolues à la pâture des bêtes (que les paysans du nord du Cantal appellent «la montagne ») puis des bois, des bois, encore des bois... Et au bout, barrant l'horizon, de profil, visible seulement les jours de beau temps, la chapelle Notre-Dame de Valentine, à Ségur-les-Villas, qui surplombe la vallée de la Santoire. » Le paysage est dominé par le Puy Mary, deuxième point culminant de la région après le Plomb du Cantal, qui fonde pour Marie-Hélène la notion de montagne. « Son altitude est bien modeste, dérisoire, au regard des sommets alpins, sans parler de l'Himalaya, mais ce sommet était le seul que je connaissais quand j'étais enfant. Il incarne pour moi la première occurrence d'une montagne à profil pointu... »

Peu à peu, Marie-Hélène Lafon va percevoir la singularité du monde familial, et avant tout son isolement. Elle se souvient des déplacements en voiture pour aller rendre visite aux grands-parents, à côté d'Aurillac, à 90 kilomètres de la ferme. Pour « descendre » voir la famille, à 700/800 mètres d'altitude, il faut franchir le col du Pas de Peyrol en été et, l'hiver, lorsque le col est fermé, emprunter le tunnel du Lioran, assimilé à un verrou. Le trajet dure une bonne heure et demie, à l'aller et au retour ; il faut partir après la traite du matin et être revenu en fin de journée pour la traite du soir... « Cette descente signifiait que nous vivions bien à la montagne, en pays haut, loin de tout. J'ai compris ainsi, avec le corps, que l'endroit où nous vivions s'apparentait à un fortin perdu, tout là-haut, à une citadelle éloignée... » Ce sentiment d'isolement se confirme lorsqu'elle intègre à sept ans la petite école de campagne de Saint-Saturnin, à environ trois kilomètres. Nichée dans un trou, au bord de la rivière Santoire, la ferme familiale est reliée par un chemin de terre en pente raide à la route, où s'arrête le car de ramassage scolaire. L'hiver, lorsqu'il a neigé, son père emmène ses enfants en tracteur jusqu'à la route : Marie-Hélène, sa sœur et son frère sont assis sur une botte de paille fixée sur la barre de relevage. « C'était le seul moyen de s'extraire de la ferme – impossible de faire autrement ! Ce genre de séance ne s'oublie pas : on éprouve à travers le corps ce qu'est l'hiver, l'isolement. Cet environnement forge un rapport au monde définitivement insulaire (l'expression d'Alexandre Vialatte décrivant l'Auvergne comme "une île" me semble très juste). De fait, la montagne, pour moi, est isolée; elle est rogue, revêche. Le climat est rechigné, les maisons sont fermées sur elles-mêmes, avec peu d'ouvertures, la pierre est grise, sombre et austère. Cela constitue mon univers premier.» Cet univers austère au climat rude, dont on dit qu'il ne connaît que deux saisons, «l'hiver et le 15 août», induit une distance physique mais aussi psychique, c'est-à-dire un profil psychologique particulier. Marie-Hélène le comprend dans les propos de ses tantes, vivant près d'Aurillac, évoquant la montagne comme «un pays de fous». «Vous repartez là-haut dans ce pays de fous!», lui disent-elles. Dans le patois local, on désigne les montagnards comme des *gabatchs*, c'est-à-dire des gens moins civilisés que ceux d'en bas, un peu braques, allumés, partis... «À mots couverts, les tantes suggéraient que nous allions à notre tour, nous les trois enfants, devenir des *gabatchs*, nous en étions peut-être déjà, au fond...»

Très tôt, Marie-Hélène saisit la beauté de ce monde perché, taillé pour l'hiver, pour lequel elle éprouve un vif sentiment d'appartenance. Cette perception va coïncider avec sa pratique de la randonnée. Dès l'âge de neuf ans, elle va arpenter ce monde, seule, parfois en compagnie de ses chiens, longeant la rivière Santoire. Elle a envie de rallier à pied tous les points visibles de l'horizon embrassé depuis la maison, d'arpenter l'intégralité de ce territoire, comme si tout devait être quadrillé. Ces promenades solitaires, qui lui procurent le sentiment d'un éblouissement permanent, sont interprétées dans sa famille selon un coefficient d'étrangeté majeur! Ses parents ne font pas de randonnée. «À quoi bon, alors qu'on a si peu de loisirs, aller se fatiguer à grimper sur des sommets! Ce peu de loisirs dont on dispose, il est hors de question de le consacrer à se fatiguer le corps, si sollicité dans le travail... Je ne dis pas que, de manière marginale, il n'y ait pas de paysans randonneurs, mais je n'en ai jamais vu.» Marie-Hélène Lafon s'adonnera à ces longues marches solitaires jusqu'à ses dix-huit ans, en 1980, année où elle quitte le Cantal pour venir suivre des études de lettres classiques à Paris, où elle deviendra ensuite professeure. Envisagé depuis très longtemps, ce départ semblait programmé pour des raisons sociologiques, économiques et historiques. «Pour qui naissait enfant de paysans, au cœur des années 1970, dans une ferme de taille moyenne, 33 hectares en propriété et 18 hectares loués, il était évident que les filles ne resteraient pas là. Elles partiraient. Par les études, si elles avaient le goût d'étudier, ou autrement, mais elles partiraient, elles iraient gagner leur vie ailleurs...»

De manière poignante, Marie-Hélène explique avoir grandi dans la litanie de la fin du monde paysan, ses parents ne cessant de répéter: «C'est fini, il faut aller faire autre chose ailleurs; nous sommes les derniers Indiens.» Autour d'elle, les adultes savent que leur monde – système fragile maintenu sous perfusion par la politique agricole commune européenne depuis les années 1970 – est condamné. Un nombre non négligeable de petites exploitations de montagne ne survivent que grâce aux primes et, dans la région, le nombre des fermes familiales a été divisé par six en moins de trente ans... Cette disparition aiguisera ses sens, son attention aux lieux et, plus tard, sa décision d'écrire sur ce monde – à sa manière. «J'ai eu le sentiment que le pays lui aussi allait disparaître, s'effondrer, que les montagnes allaient littéralement s'écrouler, sombrer, sous nos pieds! Il fallait par conséquent saisir ce monde, l'embrasser, avant qu'il ne disparaisse, engranger tout ce que je pouvais, en prendre plein les yeux, pour le restant de ma vie.» Elle publie en 2001 son premier roman, *Le Soir du chien*, qui remporte le prix Renaudot des lycéens, débutant une œuvre qui compte aujourd'hui une vingtaine de titres, romans, récits et nouvelles. Livre après livre, avec un souci de la concision et un goût forcené de la langue, Marie-Hélène Lafon, grande adepte de

Flaubert, va revisiter, recréer son Cantal natal, sans jamais céder à la nostalgie et verser dans la littérature de terroir. «Le lieu, mais aussi et surtout le milieu dans lequel j'ai grandi sont une sorte de fortin géographique et géologique évidemment très propice au repli. Le Cantal est essentiel pour moi, mais je ne considère pas les façons d'être que l'on y pratiquait dans mon enfance comme supérieures, valables pour tous *ubi* et *orbi*, et dignes d'être conservées en l'état originel, arrêté au milieu des années 1960, comme un trésor!» À travers ses textes, Marie-Hélène va explorer toutes les facettes de cet univers: *Les Derniers Indiens*[1] revient sur le déclin du monde paysan; *Joseph*[2] brosse le portrait poignant d'un ouvrier agricole; *L'Annonce*[3] évoque la complexité des rencontres et la solitude affective en milieu rural; *Les Pays*[4] retrace l'arrivée de l'autrice à Paris, et le choc social que cela a représenté.

À l'instar d'Annie Ernaux, Marie-Hélène Lafon se considère comme une «transfuge sociale», ayant quitté le milieu paysan pour suivre des études supérieures et vivre dans la capitale. À plusieurs reprises, bien avant ce départ, elle avait saisi la violence des rapports sociaux et la nature verticale de la société. Ce sentiment s'est notamment cristallisé à l'âge de dix ans, sur une piste de ski du Lioran, où son maître d'école avait emmené la classe afin d'initier les élèves au ski alpin. Marie-Hélène, qui se sent pataude, tombe souvent; elle et ses camarades sont mal équipés: pantalons fuseaux, parkas approximatives, bonnets tricotés à la main, moufles sommaires... À leurs côtés, d'autres enfants venant de Murat ou d'Aurillac, disposant du matériel dernier cri, se moquent d'eux. «Je m'appliquais pour apprendre, exécuter correctement les gestes, faire bien, faire "comme il fallait", mais je garde de ces

1. Buchet-Chastel, 2008.
2. Buchet-Chastel, 2014.
3. Buchet-Chastel, 2009.
4. Buchet-Chastel, 2012.

quelques journées un vif souvenir d'humiliation sociale. Ils nous regardaient comme des ploucs ! J'ai éprouvé pour la première fois un sentiment d'appartenance à un groupe social pas forcément valorisé ; je voyais très bien qu'on me regardait « de haut ». Symboliquement, cette expérience de hiérarchie sociale est associée à la pente, à la verticalité, à son aspect orgueilleux, radical et impitoyable... J'ai tiré de tout cela un sentiment d'orgueil à la fois puissant et sporadique. » Récompensée par des nombreux prix littéraires, dont le prix Goncourt de la nouvelle pour *Histoires,* Marie-Hélène Lafon a séduit un vaste lectorat. Oratrice exceptionnelle, elle intervient souvent dans des bibliothèques, en milieu scolaire, pour partager son expérience et mieux faire connaître ce monde d'agriculteurs de moyenne montagne auquel Raymond Depardon s'est intéressé dans *Profils paysans,* sa trilogie documentaire. Elle se partage aujourd'hui entre Paris et sa maison du Cantal, où elle passe tous les étés. La présence, dans ces territoires du Cantal, de ce qu'elle nomme « la sauvagine », est importante pour elle. « Ce terme appartient à une famille de mots tournant autour de la notion de "sauvage", et à tout ce qui, dans le paysage, de près ou de loin, rappelle ce que l'on ne voit pas, les créatures non domestiquées (blaireaux, renards, chevreuils ou sangliers), par opposition aux bêtes de la ferme. Cette sauvagine me happe depuis la petite enfance parce qu'elle éveille un écho profond dans mes cavernes intérieures où est tapie pour toujours ma propre sauvagerie. »

La randonnée, notamment sur les crêtes du puy Mary, est toujours aussi importante pour Marie-Hélène Lafon. Marcher lui permet de « ranger les fichiers », de rebrasser les cartes, de prendre de la distance. C'est un des rares moments de l'existence où, peut-être, elle peut se laisser absorber uniquement par le fonctionnement du corps, le rythme de la respiration, la mécanique bien huilée des articulations. En marchant, elle a le sentiment de ne penser à rien, les choses se pensent en elle et, au bout de deux ou trois heures, elle peut retrouver le texte qu'elle est en train d'écrire et y découvrir des pistes nouvelles, des dimensions insoupçonnées, tout ce que l'on ne voyait plus. L'aspect rugueux de la montagne, son austérité, entretiennent des liens profonds avec la discipline de l'étude et de l'écriture. « J'y vois une cohérence psychique, le même processus de retour sur soi. Montagnards et écrivains partageraient un goût commun pour un certain dépassement de soi. Ils ne recherchent pas la jouissance immédiate mais vivent dans le désir, dans une constante tension vers un horizon d'attente, ce qui est le propre de la marche. »

Patrice Leconte

Cinéaste

Mars 2018

« Si vous vous intéressez à la performance, la conversation va tourner court ! » me prévient d'entrée de jeu mon hôte, qui me reçoit dans son bureau parisien, près de Montparnasse. Patrice Leconte est un homme naturel, direct, qui vous met immédiatement à l'aise. « J'ai toujours eu du goût pour les montagnes, qui me fascinent, mais mon enfance et ma culture sont plutôt maritimes... » Né à Paris en 1947, il grandit loin des sommets, à Tours. Originaires de Normandie, ses parents l'emmènent essentiellement à la mer, sur les plages du Débarquement. Son initiation à la montagne s'effectuera en deux temps, de manière physique et cinématographique. L'année de ses quinze ans, dans le cadre des conférences Connaissance du Monde, auxquelles on l'a abonné, il assiste à une projection de Gaston Rébuffat, venu commenter son film. Il est subjugué par les prouesses de l'alpiniste, mais aussi par celles des cinéastes : « Je pensais à l'équipe technique, à ces gens qui faisaient le film et en bavaient eux aussi, portant en plus le matériel ! » Durant cette période, il découvre également le ski en Haute-Savoie, lors de vacances familiales à Argentière, où il se rend plusieurs hivers consécutifs. Il se souvient d'un matériel assez rustique et d'une préparation plutôt fastidieuse : des chaussures inconfortables avec un double laçage, des skis d'une longueur inouïe qu'il faut farter... «C'était une tannée et j'aurais pu prendre le ski en grippe, d'autant qu'à cette époque je n'étais pas archi sportif! J'étais un peu empoté, empâté... Je ne suis pas devenu un athlète depuis, mais je suis quand même un peu plus agile avec mon corps...»

Il s'écoulera quinze ans avant qu'il chausse à nouveau des skis. Son retour sur les pistes coïncidera avec le tournage des *Bronzés font du ski*, son troisième long-métrage, début 1979. Cette longue interruption lui est techniquement bénéfique. «Quand je suis retourné skier pour mon seul plaisir, curieusement, j'ai eu l'impression d'avoir fait des progrès sans avoir pratiqué...» Deuxième volet de la trilogie des *Bronzés* tourné à Val d'Isère, *Les Bronzés font du ski* est aujourd'hui un film culte dont tout skieur qui se respecte a, un jour ou l'autre, ressorti les répliques. Que ce soit l'épisode du planté de bâton et du vin chaud, de la fondue au fil dentaire ou «d'Étoile des neiges», entonné par Michel Blanc sur le télésiège, nous connaissons ces dialogues par cœur. Cette comédie hilarante, parfois grinçante, n'a pas pris une ride. Elle a acquis avec le temps une valeur quasi documentaire, mettant en scène le touriste moderne et ses errements. À l'instar du premier volet réalisé en Côte d'Ivoire qui tournait en dérision les clubs de vacances, le deuxième épisode dépeint l'industrie du ski et les grandes stations qui lui sont dédiées. Qu'en est-il quarante ans après? Sans se faire trop d'illusions sur la nature humaine, Patrice Leconte se veut prudemment optimiste, observant quand même certains progrès dans les comportements: le public est de plus en plus sensibilisé aux questions écologiques, aux problématiques de pollution, à ne rien jeter par terre, que ce soit à la montagne ou dans la rue... Il tempère ces remarques en relatant une scène observée récemment à la campagne: une voiture roulant devant lui, dont les occupants jetaient papiers et canettes par les fenêtres. «Ça me dévaste de voir ça! On ne pourra jamais changer la mentalité des gougnafiers, ils sont nés comme ça et mourront comme ça!»

Après plusieurs comédies à succès écrites et réalisées avec des membres du Splendid (*Viens chez moi, j'habite chez une copine; Ma femme s'appelle reviens; Circulez y'a rien à voir*), Patrice Leconte s'essaie au film d'aventure avec *Les Spécialistes* (1985). Tournée en partie dans le Verdon, l'histoire met en scène deux truands, Paul Brandon (Bernard Giraudeau) et Stéphane Carella (Gérard Lanvin), enchaînés l'un à l'autre, qui profitent d'une panne de fourgon cellulaire pour s'échapper. Leur évasion est périlleuse et mouvementée: toujours menottés, sans équipement, ils doivent évoluer sur des parois de 300 mètres de hauteur pour échapper aux gendarmes... Après s'être réfugiés dans une maison isolée, ils décident de cambrioler le casino de Nice. Mais Carella découvre que son compagnon est en réalité... un policier. Le but de l'opération est de récupérer l'argent de la mafia et de provoquer une guerre des gangs. Ayant réussi leur coup, ils finiront par s'échapper ensemble et gagner l'étranger. Grand succès lors de sa sortie en salles avec près de 5300000 entrées, ce film aux scènes verticales particulièrement prenantes a représenté une étape majeure dans la carrière de Patrice Leconte. Et une belle aventure. Il est entouré d'une équipe de machinistes «montagnards», habitués à évoluer dans ce milieu. «Les deux semaines de tournage dans les gorges du Verdon étaient intéressantes car il fallait constamment crapahuter, relever toute une série de petits défis et, si personne ne risquait sa vie, les prises de vues au-dessus du vide étaient amusantes à réaliser: on devait construire des praticables sous les comédiens, assurant leur sécurité tout en demeurant invisibles pour le spectateur.» Un des enjeux du film était de communiquer le sentiment de vertige et d'insécurité au public. L'exercice est délicat car il faut éviter deux écueils: filmer par-dessous gomme le vide et la peur; filmer par-dessus, proche des comédiens, n'est guère flatteur et complique la mise en place des sécurités. Il faut donc prendre un peu d'angle, afin que l'image, offrant le lointain au spectateur (le torrent et le vide) permette l'installation des dispositifs de sécurité.

Le rapport des deux comédiens au vide a constitué un atout pour le tournage des scènes verticales. Impavide et déterminé, Paul Brandon entraîne contre son gré Stéphane Carella, personnage plus timoré, effrayé par le vide. Or, ce rapport à la verticalité correspondait exactement à celui des acteurs: Bernard Giraudeau, qui pratiquait l'alpinisme à cette époque, était très à l'aise dans les scènes d'escalade, n'hésitant pas à se pencher au-dessus du gouffre pour prouver son assurance, montrer qu'il était dans son élément. Gérard Lanvin, à l'opposé, avait un violent vertige et était terrorisé de se retrouver suspendu sur la paroi. Patrice Leconte se souvient du stoïcisme de Lanvin. «Il n'a jamais bronché et toujours suivi mes indications. “Ça ne me plaît pas ce genre de truc, m'a-t-il dit, mais ne t'inquiète pas, je le fais!” Il était très dur à la douleur: après une journée à tourner avec des menottes, ses poignets étaient très abîmés, mais il ne disait rien!» Comme il le note dans son autobiographie[1], *Les Spécialistes*, qui constituent un tournant dans sa carrière, lui ont beaucoup apporté: «Uniquement préoccupé par son aspect formel, j'étais très attentif au style, à la lumière, au cadrage et au découpage. C'était à la fois un exercice et une démonstration construits sur une alternance de séquences très spectaculaires et de scènes de comédie.» À partir de *Tandem* (1987), il va explorer de nouveaux horizons et livrer plusieurs comédies dramatiques saluées par la critique et le public: *Monsieur Hire* (adapté de Simenon), *Le mari de la coiffeuse*, ou encore *Ridicule*, couronné par quatre César et nommé aux Oscars.

Électrochoc artistique, *Les Spécialistes* ont également modifié son approche de la montagne. Entraîné par le cadreur du film, Jean-Paul Meurisse, grand amateur d'escalade, il va parcourir les blocs de Fontainebleau. «Je suis allé au Vieux Campeur

1. *Je suis un imposteur*, Flammarion, 2000.

pour m'acheter de la magnésie et des chaussons – il ne faut pas grand-chose pour cette discipline!» Pendant deux ans, les deux compères vont passer de nombreux week-ends à parcourir ce site mythique. Allergique aux salles de gymnastique, Patrice Leconte se souvient d'abord de la plénitude physique, jubilatoire, à évoluer en plein air et à faire vivre son corps. «Les premiers temps, je me réveillais le lendemain matin avec des courbatures à des muscles dont je ne connaissais même pas l'existence! On ne les sollicite jamais...» Sans s'aventurer sur les circuits les plus difficiles, Patrice Leconte progresse et, au fil des jours, suivant les flèches de couleur inscrites sur les rochers, développe son agilité, sa souplesse. Sa grande satisfaction réside dans la stratégie à adopter pour parvenir au sommet: «Quand on se retrouve au point de départ, on se demande comment faire pour parvenir là-haut, quels seront les placements des pieds et des mains... J'avais l'impression à chaque fois de me retrouver devant un Rubik's Cube, comme s'il fallait résoudre l'énigme du rocher.»

Patrice Leconte ne cite aucun livre, tableau ou film de montagne, expliquant combien son goût pour ce milieu est banal plus que «cultivé», lié avant tout aux occasions. À travers ses voyages sur divers continents, il a découvert de nombreux massifs, que ce soit en Argentine, en Himalaya ou dans les Alpes. À chaque fois, il a été fasciné par les lumières, que la montagne distribue de manière variée et évolutive: contrairement à la plaine où l'éclairage est souvent figé, limité par la course du soleil au cours d'une journée, les reliefs produisent de nombreuses nuances, sans cesse renouvelées. «Le fait qu'à cause des reliefs le soleil se couche plus tôt à la montagne, que tout à coup une face se trouve à l'ombre, alors que la montagne derrière est encore éclairée – les fameux "adret" et "ubac", bien connus des cruciverbistes! –, tout cela donne des contrastes, des ombres gagnant sur le sol bien plus vite qu'ailleurs...» Plus qu'une notion technique, l'attention à la lumière, pour Patrice Leconte, est presque une manière de vivre, une sensibilité exercée au quotidien. Depuis toujours, la façon qu'a la lumière de se distribuer dans la nature, dans les villes, mais aussi au sein des appartements, le captive. Il relie ce tempérament à son goût pour la peinture, notamment impressionniste. « Quand Monet peint le même motif à diverses heures d'une même journée, ça apprend beaucoup. De même que les travaux des photographes… » Parmi les étapes d'un film, il est très attaché aux repérages effectués *in situ* avec le chef décorateur et le chef opérateur : que ce soit dans une rue ou en studio, tenant parfois une boussole, il aime ce moment où l'on questionne la lumière, cherchant sa texture et sa provenance… Parfois difficiles à maîtriser au cours d'une même séquence, les lumières de montagne l'enchantent, notamment quand elles sont associées à un plan d'eau ou à un lac : « C'est encore plus spectaculaire et cela m'évoque les boîtes de crayons de couleur Caran d'Ache de mon enfance, dont les couvercles étaient souvent des paysages de montagne… »

Patrice Leconte a effectué au printemps 2017 un séjour au Bhoutan. Si la lumière et les paysages l'ont impressionné – il évoque des panoramas saisissants auxquels la brume imprime « un aspect fantomatique » –, il a été marqué par le caractère réservé des populations. « C'est sans doute un lieu commun, mais plus on s'élève en altitude, plus les gens qu'on rencontre deviennent non pas taciturnes, mais moins volubiles, plus réservés, voire mutiques. » Loin de lui déplaire, cette économie de mots qu'il apparente à la rudesse du climat, aux conditions de vie parfois extrêmes, incarne à ses yeux une leçon de discrétion. Cette austérité a une résonance en lui. « “L'excentricité méridionale” est parfois un peu soûlante ; être davantage sur son quant-à-soi, comme on dit, me convient. Je suis volontiers bavard, mais l'attitude des montagnards me plaît parce qu'elle me semble plus sincère : ils l'ouvrent peu, mais quand ils l'ouvrent, c'est à bon escient ! » Durant ce séjour au Bhoutan, il a découvert plusieurs temples perchés en montagne. Il se souvient notamment du

Taktshang, dit «le nid du tigre», bâti à 2950 m, qui impose au visiteur de gravir trois mille marches depuis la capitale, Paro. «La légende prétend que le fondateur de ce temple est arrivé sur le dos d'un tigre ailé; il n'y a pas de photo de son arrivée, évidemment, mais je suis un peu dubitatif. Il n'a aucun mérite en tout cas: si on me donne un tigre ailé je vais n'importe où!» Sans être attiré par la philosophie bouddhiste et la vie monacale, il a été impressionné par l'atmosphère de ces temples, leur tranquillité apaisante, ainsi que par les panoramas, offrant une vue à 360 degrés qu'on ne trouve qu'en montagne, où la vue ne bute sur aucun obstacle.

Patrice Leconte apparaît comme un homme serein et dépourvu de vanité. En quarante-cinq ans de carrière, depuis ses débuts comme dessinateur à *Pilote*, il a réalisé trente-deux films et publié six romans. Au cours de toutes ces années, il a connu échecs et succès, exploré comédie populaire, films d'aventures ou d'introspection, fait tourner de nombreuses stars. Mais il garde la tête froide. «Nous faisons des films pour le public, pour obtenir le plus large assentiment populaire, écrit-il[2]. [...] Je n'ai sincèrement pas pour objectif de figurer dans les futures histoires du cinéma, ni que mes films passent à la postérité.» Il se partage aujourd'hui entre son appartement parisien et sa maison située dans la Drôme provençale, près de Grignan, où il s'adonne au vélo et à la marche. Chaque année, il se rend avec sa femme au sommet du Ventoux, dont le panorama ne le lasse jamais. «L'idée de monter me plaît. Sans convoquer les grandes expressions, ça vous élève l'âme! En montant, on va aussi vers la lumière... D'une manière plus générale, philosophique, l'idée de monter est plus satisfaisante que celle de descendre; et j'aime sans doute monter parce que ma vie et mon âge me proposent de descendre – c'est une façon d'inverser, ou du moins de tenter de ralentir la courbe.»

---

2. Ibid.

Ian McEwan

Écrivain

Juin 2014

« Ne me faites surtout pas rire, ne dites rien d'amusant, même quand j'éternue c'est douloureux ! » Mon interlocuteur me prévient d'entrée de jeu, avec humour. Il revient d'une randonnée en Bavière, où il a glissé sur une plaque de glace et s'est cassé une côte. « Ça m'était déjà arrivé en faisant du ski, il y a quelques années, mais là c'est encore pire : une horreur. J'essaie de ne pas rire, et c'est très difficile, je vous assure ! » Paris. Janvier 2014. Nous sommes au siège des éditions Gallimard, rue Sébastien Bottin, installés dans un petit salon donnant sur des jardins. Ian McEwan est en France pour une semaine, à l'occasion de la sortie de son nouveau roman, *Opération Sweet tooth*. Cet écrivain anglais de premier plan, traduit dans le monde entier où il a vendu 15 millions de livres, couronné par de nombreux prix dont le prestigieux Booker Prize (l'équivalent du Goncourt français), est aussi un grand passionné de randonnée.

Il découvre la montagne à l'âge de dix ans, dans le Djebel Nefoussa, en Lybie, où son père, officier dans l'armée britannique, est alors en poste. Il se souvient d'un chemin étroit, balayé par le vent, et d'une étrange construction aperçue en arrivant au sommet, à 2000 mètres d'altitude. « C'était un bâtiment de briques. Sur l'un des murs, on avait peint une femme nue allongée sur le côté, dans le style des pin-up américaines. Des soldats avaient dessiné sur son torse la ligne de la côte nord-africaine, dont certains ports et noms de villes coïncidaient avec les volumes de son anatomie...» Il retournera à plusieurs reprises sur cette montagne, apercevant à chaque fois cette fresque nommée *La Dame de Gharyan*. «C'était mon premier contact avec la montagne. Il m'a beaucoup marqué! J'ai été très impressionné par l'espace, la hauteur...» La montagne et la randonnée vont entrer par étapes dans sa vie, comme s'il devait suivre les paliers d'une lente et patiente ascension. Il expérimente la marche en tant que plaisir à seize ans, en Angleterre, dans le Suffolk, où il va à l'école. Ayant jusqu'alors habité à l'étranger (il a grandi notamment à Singapour), il ne connaît pas les paysages britanniques et tombe amoureux de cette région où lacs et forêts abondent. «Ces panoramas, qui me font penser à la Dordogne, en plus modeste, sont arrivés au moment où mon cœur se remplissait de musique et de poésie... Ça a été une révélation pour moi – et une libération: je pouvais me défaire totalement de l'école. Marcher dans la nature est étroitement associé pour moi à un sentiment de liberté, au retour à quelque chose d'essentiel...» Il va effectuer ses premières randonnées «sérieuses» à vingt ans, dans les Chiltern Hills, des collines situées dans le Sud-Est anglais, facilement accessibles depuis Londres. «Je marche régulièrement là-bas depuis maintenant quarante ans. J'y ai depuis acheté un cottage et considère cet espace comme ma maison spirituelle. On peut y faire de magnifiques promenades...»

L'étape déterminante a lieu lorsqu'il a vingt-sept ans, aux États-Unis. Avec un groupe d'amis en compagnie desquels il avait déjà sillonné l'Europe et l'Asie quelques années plus tôt, il effectue un long périple en voiture à travers l'Amérique du Nord, de Vancouver à Los Angeles. Les jeunes voyageurs campent en chemin et se lancent à la découverte des montagnes. Ian McEwan va ainsi randonner au sein de la chaîne des Cascades, dans l'Oregon, puis dans la région de Ventana, derrière Big Sur, en Californie. Il est séduit par la beauté de la montagne – elle lui rappelle combien la Terre est belle quand elle n'est pas aménagée –, qui le marque profondément. « On était des randonneurs un peu fous, se souvient-il avec amusement. On partait sans carte, sans compas, on se perdait constamment ! Il y avait toujours quelque chose qui allait de travers, on s'amusait, on était insouciants... » Cette découverte de la montagne coïncide avec la sortie de son premier livre, *Premier amour, derniers rites*, qui paraît la même année, en 1975. Ce recueil de nouvelles développe des thèmes qui reviendront dans toute son œuvre : la sexualité, la folie, les excès auxquels peut conduire l'amour... Ian McEwan sonde l'âme humaine pour traquer ses zones d'ombre, ses fantasmes les plus inavouables... Il isole le moment révélateur, la décision (bonne ou mauvaise) qui peut faire basculer une vie. À l'instar d'un randonneur qui se trompe de chemin et se fait surprendre par l'orage, certains actes, certaines paroles ont parfois des conséquences incalculables pour soi et pour les autres...

Après une série de livres centrés sur le couple, les rapports parents/enfants (et les malentendus qu'ils suscitent), il a élargi le cadre de ses romans, dans lesquels l'Histoire a fait irruption. Seconde Guerre mondiale (*Expiation*[1]), guerre froide (*L'Innocent*[2]) et guerre d'Irak. Ce conflit est la toile de fond d'un de ses livres les plus aboutis, *Samedi*[3]. Il se déroule sur vingt-quatre heures, à Londres, où a lieu une grande manifestation contre la guerre. Henry Penowne, neurochirurgien réputé, doit recevoir sa famille en fin de journée. Mais un gang de malfrats, qu'il n'aurait pas dû croiser, fait irruption dans sa vie et le confronte à la violence... Dans ce livre aux thématiques

1. Gallimard, 2003.
2. Seuil, 1990.
3. Gallimard, 2006.

universelles – comment appréhende-t-on la violence? quelle place tient le hasard dans nos vies? –, Ian McEwan expose son souci du détail, mais aussi sa science du récit. Il conduit son histoire de manière presque imperceptible, avant de l'accélérer et de la rendre visible, haletante... Le lecteur est embarqué sur un sentier qui grimpe, insensiblement, avant dc déboucher sur un col au point de vue époustouflant, qui a valeur d'évidence. Le personnage de *Samedi* lui a été inspiré par un de ses meilleurs amis, un neuroscientifique avec lequel il randonne depuis maintenant vingt-cinq ans. La randonnée est en effet étroitement associée pour lui à l'amitié et au partage. «Ma femme, malheureusement, a le vertige et je ne peux pas aller partout avec elle. J'ai de longues discussions en montagne avec cet ami, personnelles ou plus abstraites, que j'apprécie beaucoup. J'aime aussi les moments de silence: nous nous connaissons assez pour rester longtemps sans parler...»

Ian McEwan et son ami se définissent comme des «randonneurs épicuriens». Un de leurs grands plaisirs, devenu avec les années un rite incontournable, est de déguster du vin en montagne. Arrivés à un point crucial du sentier, ils s'écartent du chemin, s'installent confortablement et sortent leurs victuailles. Une bouteille de Bordeaux rouge, des gobelets en métal et les ingrédients d'un festin méditerranéen: fromage, pain de campagne, oignons, olives, tomates, saumon fumé, citron... «Marcher avec un verre de vin dans la nature, en bonne compagnie – ça ne fonctionne pas si vous êtes seul – procure un sentiment de confort, de paix. Le paysage devient votre salon, comme si vous étiez à la maison. Ces moments en montagne sont pour moi un des grands luxes de l'existence. Je recommande cette formule à tous mes amis! J'en connais certains qui n'emportent avec eux qu'un morceau de chocolat, mais ce n'est pas pour nous!» Cette bacchanale est bien entendu reproduite en hiver, lorsque Ian McEwan part au ski. Il a longtemps séjourné au Waldhotel, à Davos, (modèle de

Thomas Mann pour *La Montagne magique*), et se rend aujourd'hui à Zermatt ou en Bavière. « Je fais aussi de fabuleux pique-niques en hiver, confie-t-il. Avec du vin blanc, cette fois. On plante les skis et on essaie d'aller aussi loin que possible avec ces stupides chaussures de ski ! On trouve un endroit isolé et on sort le fromage... »

Cette montagne synonyme de plaisir et de bonne chère n'est pas partagée par tous. Ian McEwan raconte l'expérience qu'il vient de vivre en Bavière avec un guide – un type pourtant gentil, qui avait servi dans l'armée allemande, précise-t-il. À leur arrivée au sommet, après trois bonnes heures de marche, le guide leur fait manger les sandwiches à toute vitesse et décide... de redescendre. « Il a tout fichu en l'air ! On avait une vue extraordinaire sur les Alpes... C'était la première (et la dernière) fois qu'on prenait un guide... » Longtemps réticent à acheter du matériel de randonnée, Ian McEwan a fini par s'équiper : chaussures, sac à dos, bouteille thermos, chapeau... « Avec un vêtement isolant et de bonnes chaussures, vous vous sentez parfois invincible, rien ne peut vous atteindre... » Mais il le dit très franchement : son ami et lui ne sont pas des randonneurs furieux, « extrêmes »... Ils ne bivouaquent pas au sommet, descendent dans des hôtels confortables et, s'ils sont perdus et près d'une route, n'hésitent pas à appeler un taxi pour rejoindre la bonne vallée. « On randonne toujours avec une carte de crédit pour se sortir des problèmes ! » Le duo, au fil des années, a sillonné de nombreux massifs, que ce soit dans les Pyrénées ou les Alpes. Ian McEwan a souvent été ému, notamment en Suisse, de marcher sur les traces de ses compatriotes qui ont exploré les massifs alpins au XIXe siècle. Et de rappeler la longue tradition britannique du récit de voyage passant par Leslie Stephen, Robert Falcon Scott ou, plus récemment, Bruce Chatwin... « Le livre d'Hillary sur son expédition à l'Everest est fantastique ! » Les deux amis ont également marché dans des endroits plus inattendus comme Majorque, dans les Baléares.

S'il déplore des sentiers mal entretenus, constamment coupés par des propriétés privées («une honte!»), il évoque des ambiances méditerranéennes à couper le souffle: constamment balayé par la brise, le chemin, qui surplombe des falaises, est environné d'oliviers sauvages, de murets de pierres et de chênes...

L'Angleterre est aussi un terrain de jeu pour Ian McEwan. Il va souvent marcher dans le Lake District (comté de Cumbrie), plus grand parc national anglais, terre d'inspiration de nombreux artistes et écrivains, tel William Wordsworth. «C'est un endroit fabuleux!» On retrouve cette région dans un roman célèbre de Ian McEwan, *Amsterdam*, dont un des personnages, le compositeur Clive Linley, part marcher sur le Scafell Pike (point culminant du secteur) pour retrouver l'inspiration... Au fil des années, la randonnée est parfois devenue un élément très important dans son écriture: «Le rythme de la marche est le même que celui de la pensée, il en est très proche. Il m'arrive, en progressant sur le sentier, que mon esprit se focalise sur mon travail, et qu'une idée surgisse parfois (ou pas)!» L'Écosse demeure la terre de prédilection de Ian McEwan, dont le père était originaire de cette région. «Ma femme et moi avons une véritable passion pour l'Écosse. Nous allons tous les ans dans la péninsule de Knoydart, au nord-ouest (pas loin de Mallaig), où quelqu'un nous prête une maison...» Sa montagne fétiche est le Ben Ladhar Bheinn, un des plus hauts sommets de la région (1070 mètres), surplombant le loch Hourn. Mon interlocuteur décrit un endroit isolé, non accessible en voiture, auquel on ne peut accéder qu'en empruntant au petit matin un bateau à moteur déposant sur une rive rocheuse. Après une succession de vallées qui se déroulent comme des tapis d'herbe, montant et descendant, le randonneur arrive à l'ultime passage – l'arête sommitale. «C'est étroit (40 centimètres de large) et vertigineux! Vous avez l'impression de grimper sur le dos d'un dinosaure! La première fois, j'ai trouvé ça dingue! Je me suis dit que j'allais tomber! Et puis j'ai vu un type de quatre-vingts ans – sûrement un vrai alpiniste – qui descendait avec une grande maîtrise. On s'est dit que s'il pouvait le faire, on devait y aller nous aussi ! »

Ian McEwan est un interlocuteur délicieux, attentif et généreux, loin des personnages parfois torturés de ses romans. Il donne envie de partir avec lui pour déguster, quelque part en Écosse ou dans les Cévennes, qu'il affectionne beaucoup, cette bouteille de vin rouge, promesse de tant de plaisirs… Il a récemment quitté Londres pour s'installer à la campagne, au milieu des Cotswolds, dans le Gloucestershire (à 150 kilomètres à l'ouest de la capitale). La randonnée est devenue pour lui « une drogue » et, au-delà de six semaines sans marche, il ressent que quelque chose « ne va pas » dans sa vie… La montagne, d'une certaine manière, lui a appris à mieux savourer l'instant présent. « J'ai soixante-cinq ans et je me demande combien de temps encore je pourrai marcher. Je peux tomber malade d'ici dix ans, devenir fou. Ça rend d'autant plus précieux ce que je vis aujourd'hui. Je dois dire qu'en dehors du sexe, la randonnée en montagne est certainement le plus grand plaisir de ma vie… »

Céline Minard

Écrivaine

Mars 2017

Au commencement, l'altitude a le goût du café et de la transgression – un breuvage inconnu dégusté en pleine forêt, près d'une grange foraine, au cœur des Pyrénées. On a puisé l'eau dans un ruisseau tout proche et chauffé la cafetière sur un foyer. Céline Minard avait onze ans lors de cette journée, mais la scène est encore précise dans sa mémoire, et l'émerveillement, intact. « C'est un de mes premiers souvenirs marquants en montagne. Une histoire un peu folle, d'une certaine façon, parce que je ne buvais pas de café à cette époque, j'étais trop petite, je n'avais sans doute pas le droit ! Nous étions allés voir ce villageois installé à l'écart des autres maisons, au-delà des prés. C'était grandiose de se trouver en pleine montagne. »

Née à Rouen, où elle a grandi et fait ses études, Céline Minard a passé de nombreuses vacances chez sa grand-mère, à Aspin-Aure, petit village des Hautes-Pyrénées situé à 900 mètres d'altitude, sous le col d'Aspin (emprunté chaque année par les coureurs du Tour de France). Elle se souvient, enfant, d'avoir été garder des brebis avec ses cousines, dans les prés dominant les maisons, près des granges foraines. « J'ai un attachement lointain et assez profond pour ce territoire que j'aime beaucoup. Je m'y sens tout simplement chez moi. » Aspin-Aure est un monde associé à des plaisirs simples, intenses: les truites pêchées dans le ruisseau voisin, avec une ligne constituée d'un bout de noisetier, les premières descentes à ski (équipée de chaussures de ville agrippées à des fixations en cuir) dans le pré derrière chez sa grand-mère, qui a beaucoup compté à ses yeux. La discussion qu'elle tient avec elle, à onze ans, sur la taille de l'humain dans l'univers, décide de sa passion pour les questions philosophiques. Après le bac, elle suivra des études de philosophie à la faculté de Rouen (assistant aux cours d'Alexis Philonenko) et soutiendra son mémoire de maîtrise sur «la nature chez les cyniques grecs». En 1995, à 26 ans, elle s'installe à Paris où elle travaillera pendant sept ans dans diverses librairies (dont Lipsy, spécialisée dans la psychanalyse). Grande lectrice, dont les goûts éclectiques vont de Cervantès à Patricia Highsmith, en passant par William Faulkner, Marguerite Duras, Henri Michaux ou encore Arno Schmidt, elle va abandonner la librairie pour se consacrer à l'écriture.

Elle publie à trente-trois ans son premier roman, *R*, qui se déroule dans les Alpes et dont l'écriture est intimement associée à la marche. Le livre, en effet, a été composé après un accident de roller qui lui a immobilisé les deux genoux. «J'ai dû suivre une rééducation et réapprendre à marcher. Et, en réapprenant à marcher, je relisais Rousseau, tous les grands passages sur la marche qui figurent dans *Les Confessions*.» La marche – en tout cas le réapprentissage de la marche – s'est combinée avec la rêverie et l'écriture: on y dessine une même ligne, pas à pas ou mot à mot… Pour ce premier livre, Céline Minard explique avoir inventé un système de notation, paysage «intérieur» / paysage «extérieur», identifiant la porosité entre les deux mondes, leurs constantes interférences. Elle a besoin de marcher pour écrire, de sentir le rythme s'installer, mais aussi la fatigue, libératoire: on se débarrasse de certaines scories et l'imaginaire, sous l'effet des endomorphines, s'active – la biologie ouvre l'espace. «Beaucoup de choses se dénouent lorsque je marche, des espaces se dégagent, liés au paysage traversé, à l'effort, et à ce que le corps fabrique...» Marcher en montagne, pour Céline, n'a rien à voir avec la plaine: non seulement l'effort physique est plus intense, mais, surtout, l'évolution dans un espace parfois dénué de chemin, parsemé de rochers, exige concentration et sens de l'orientation. «Il y a quelque chose de l'ordre du calcul, de la prévision (ça n'est pas la marche à plat), ainsi qu'une certaine lenteur. Je ne suis pas rapide en montagne, j'aime bien la montée et moins la descente, où l'on s'esquinte les genoux!» Milieu magnétique, hypnotisant, la montagne est par ailleurs un univers très plié, parsemé de caches secrètes que le randonneur, irrésistiblement, voudra découvrir: qu'y a-t-il au-delà du tournant, derrière le col, au bout du chemin? «Chaque fois je me fais piéger; je me dis: "Je vais marcher deux heures et je reviens..." Eh bien non! Au tournant d'après, on veut savoir ce qu'il y a plus loin et on finit toujours par continuer...» Randonneuse plutôt solitaire, Céline Minard a arpenté toutes les montagnes françaises, Alpes, Jura, Pyrénées et Massif central (le Cantal, qu'elle connaît bien, lui évoque «la Mongolie intérieure»). Elle a aussi pratiqué le ski dans les stations pyrénéennes (Piau-Engaly, Saint-Lary-Soulan) et, il y a deux ans, s'est essayée à l'escalade, réalisant de petites voies en second. Autre façon d'évoluer par rapport à la marche «bipède» normale, cette discipline l'a intéressée en tant qu'économie de mouvements, lecture alternative de la verticalité. «On doit prévoir des phases de repos... Il y a la tension de l'effort, l'enchaînement des mouvements. C'est assez passionnant et en même temps énervant tout ça (rires)! On se dit "Je n'y arrive pas, je n'y arrive pas..." On se demande comment on va pouvoir le prendre autrement – plutôt en finesse qu'en force, en ce qui me concerne, parce que je ne suis pas une athlète.»

Si sa curiosité montagnarde est sans limites, Céline garde un fort attachement aux Pyrénées, qui font partie de ses racines. «J'aime ce massif parce qu'il peut être à la fois très sec et très sauvage, très vert – les pelouses montent assez haut, avant de céder la place au granit. J'apprécie la présence de l'eau, à travers les différents lacs, et suis moins attirée par les secteurs secs, comme celui du versant espagnol, derrière le tunnel de Bielsa...» En 2015, elle a préfacé la réédition du livre de Louis Ramond de Carbonnières, *Observations faites dans les Pyrénées*. Paru en 1789, cet ouvrage constitue l'acte de naissance des Pyrénées dans la littérature, à l'instar des *Voyages dans les Alpes* d'Horace Bénédict de Saussure pour le massif alpin. Botaniste, minéralogiste, géologue, physicien, climatologue, géodésien, ethnologue et historien, Carbonnières a mêlé toutes les modalités de la connaissance. «La montagne, écrit Céline Minard dans sa préface, est faite de diversité. Et il revient au savant, au chercheur, de la construire dans la langue, avec et au travers de la complexité. [...] La langue par laquelle se transmet la connaissance participe de l'exploration et de l'expérimentation qu'elle décrit. La littérature n'est pas un agrément. Elle crée le territoire qu'elle prospecte.» Cette importance de la langue, ce besoin d'expérimenter et de découvrir de nouveaux territoires, pourrait résumer l'esthétique de Céline Minard. Dans ses huit romans publiés à ce jour, elle a arpenté une multitude d'univers et revisité, à sa manière, les genres littéraires. *Le Dernier Monde*[1] flirtait avec la science-fiction et le mythe du dernier homme; *Bastard Batlle*[2], dont la langue imbriquait le vieux français avec quelques mots d'allemand et d'anglais modernes, opérait une rencontre improbable entre l'univers médiéval et celui des mangas. Grand succès critique et public, *Faillir être flingué*[3], qui a reçu le prix du Livre Inter, joue quant à lui avec les codes du... western.

Pour écrire ce roman, elle s'est isolée trois mois en montagne, dans les Alpes, à 2000 mètres d'altitude. «J'avais planté ma

1. Denoël, 2007.
2. Léo Scheer, 2008.
3. Rivages, 2013.

tente dans des alpages, au-dessus d'un refuge où j'allais chercher quelques provisions de temps en temps, pour me socialiser... » Sensible à la beauté des paysages, elle apprécie les montagnes ouvertes qui lui permettent de respirer. Elle aime en outre la variabilité, la fluidité de ce milieu où le temps change très vite : les nuages passant sur un pan de vallée constituent pour elle un mouvement énorme et impondérable, quelque chose de paradoxal et de magique. Les montagnes – c'est ce qui les rend si agréables – sont presque une masse d'air, un énorme espace respirable, comme la littérature, qui est un espace mental mais crée de l'oxygène. « Il y a une connexion entre littérature et montagne, mais ma littérature est toujours une transformation des lieux : pour faire rentrer un paysage dans les mots, il faut tout transmuter, procéder à une forme d'alchimie. » Cette transmutation est pleinement réalisée dans son dernier roman, *Le Grand Jeu*[4], où la montagne, en plus d'être un atelier d'écriture à ciel ouvert, devient matériau littéraire. Écrit dans une cabane pastorale pyrénéenne, ce récit a pour décor des montagnes inspirées par le massif de Néouvielle. Il met en scène une femme qui, ayant décidé de quitter la civilisation pour vivre dans la nature, s'installe dans un refuge high-tech (fibre de verre et PVC haute densité) suspendu à un éperon rocheux. Dans la lignée de Henry David Thoreau, Ludwig Wittgenstein et Kamo no Chōmei (auteur des *Notes de ma cabane de moine*), elle aborde le thème de la cabane philosophique : un lieu de retraite qui, ramenant à l'essentiel, maintient le sujet en éveil et lui enseigne la précarité de l'existence. « L'autarcie et l'autonomie me fascinent depuis longtemps – également dans leur dimension d'impossibilité. » À l'instar du *Dernier Monde*, *Le Grand Jeu* questionne de manière originale et stimulante le rapport de l'individu au collectif, et les tensions

4. Rivages, 2016.

que cela suscite. La narratrice qui s'isole en montagne pour lire, pêcher ou jardiner, apporte tout un savoir collectif, elle est chargée d'humanité...

Céline Minard vit aujourd'hui à Paris, mais elle retourne aussi souvent que possible dans les Pyrénées, où elle possède un terrain. Sur place, elle effectue chaque matin une petite randonnée depuis le col d'Aspin jusqu'au Plo Del Naou, d'où l'on voit l'Arbizon, un sommet de 3000 mètres dont elle a fait l'ascension il y a quelques années. «J'y suis allée seule, sans prévenir personne, ce qui n'est pas très malin, parce que je n'étais pas sûre d'y arriver. J'en ai bien bavé. Quand je suis arrivée au sommet, je n'ai prévenu personne non plus parce que je n'étais pas sûre de redescendre! Mais ça s'est très bien passé, j'ai mis trois jours à m'en remettre, mais j'étais assez fière (rires)...» Dédiés à l'écriture et à la marche, ces séjours en montagne sont aussi consacrés à la lecture. En matière de littérature montagnarde, elle a notamment été marquée par *Ascension*[5], de Ludwig Hohl, *Yosemite, Camp 4*[6], de Steve Roper, et *Le Mont Analogue*[7], de René Daumal, qu'elle a lu à plusieurs reprises. Avec à chaque fois le même choc, le sentiment d'une proximité de pensée lui donnant l'impression d'avoir inventé le texte. «J'apprécie chez Daumal le passage dans une autre dimension que représente la montagne, qui est un trou dans la carte. La montagne est magique dans ce livre, mais je pense que toutes les montagnes le sont...» Céline Minard dit avoir un besoin charnel de la montagne, qui lui procure un bien-être physique immédiat, et avec laquelle elle entretient un rapport tellurique: le corps adopte un autre rythme, qu'il s'agisse de l'alimentation, du sommeil ou de l'effort. Le temps, par ailleurs, s'écoule autrement et les choses se réduisent à l'essentiel, à un niveau très concret: l'absence de

5. Nouvel Attila, 2007.
6. Guérin, 2008.
7. Gallimard, 1952.

bruits et de divertissement donne une intensité aux gestes du quotidien (lessive, vaisselle, repas, etc.). « Quelque chose se réduit, mais cela correspond pour moi à un agrandissement : chaque objet compte ! Si l'on est curieux et attentif, la montagne dispense non pas l'humilité, mais une belle leçon de taille réelle – on trouve enfin sa dimension. »

Bernard Minier

Écrivain

Décembre 2019

La montagne était omniprésente. Chaque matin, quand il se levait, il apercevait la chaîne des Pyrénées en face de lui, masse obsédante assimilée à une barrière, un verrou fermant l'horizon, mais aussi un mystère. Que dissimulait cette frontière? Au-delà des sommets s'étalait peut-être un autre monde, des terres à explorer, des aventures à vivre... Né en 1960, Bernard Minier a grandi à Montréjeau, commune de 2800 habitants bordant la Garonne, à 468 mètres d'altitude. Évoquant ses souvenirs d'enfance dans ce «Piémont pyrénéen», il raconte le petit pèlerinage que faisaient chaque année ses parents à Lourdes, distante de 70 kilomètres. Assis à l'arrière de l'ID, dont les suspensions le rendaient malade, il observait les routes de montagne, le passage par Capvern-les-Bains, et l'arrivée dans cette drôle de ville exhibant statuettes en plastique, christs au regard clignotant et fioles d'eau bénite. «C'est assez étrange... Il y avait un côté "marchands du temple". Ma mère était très croyante. On se rendait au sanctuaire de Bernadette avant d'aller manger en ville. Dès le départ, le côté religieux m'a peu intéressé: ce que j'aimais, c'était aller au restaurant et observer les paysages traversés pendant le trajet...»

Dans cette première moitié des années 1970, l'adolescence est une période atone et délicate à Montréjeau. Les hivers sont interminables, il pleut d'octobre à mai et l'on peine à voir le soleil. Bernard Minier éprouve une sensation d'enfermement, l'impression d'une existence enclose dont il retrouvera des échos, à vingt ans, en lisant les romans de Thomas Bernhard comme *Gel*, *Perturbation*, ou *La Plâtrière*, situés dans des vallées perdues des Alpes autrichiennes. Refermé sur lui-même (Toulouse est à une heure de route), Montréjeau est le ferment d'une certaine mélancolie, mais aussi d'un imaginaire. Sans Internet ni réseaux sociaux, ayant seulement deux chaînes de télévision aux programmes limités, Bernard et ses amis inventent leurs propres jeux et s'évadent par la lecture. Ils se fournissent à la petite Maison de la presse, disposant de deux présentoirs de livres. «Ça a commencé avec Bob Morane, car les éditions Marabout étaient très bien distribuées dans le Sud-Ouest... Toutes nos armoires étaient remplies de Bob Morane, mais en fait il n'y avait que ça à se mettre sous la dent!» Plus tard, il découvrira Lovecraft, auteur de l'effroi, lecture marquante, et les grands auteurs de science-fiction comme Isaac Asimov, Alfred Elton van Vogt, Norman Spinrad ou encore Philip K. Dick...

Bernard Minier, qui se décrit comme «quelqu'un d'assez livresque», va aussi explorer physiquement les Pyrénées. Vers dix-sept ans, il part randonner à la journée avec des amis dans le Comminges. Il marche notamment à Luchon-Superbagnères, dans la vallée de l'Ourse de Ferrère (au-dessus de Mauléon-Barousse), dans la vallée du Lys, ou encore vers Espot, dans le Parc national d'Aigüestortes. «Il y a là-bas près de deux cents lacs, dont certains ont seulement la taille d'un étang! On peut circuler de l'un à l'autre, selon des circuits de niveaux différents... C'est un monde en soi, un jeu de couleurs merveilleux, au printemps, quand les prairies éclatent de fleurs!» Il est immédiatement sensible à la beauté des montagnes, à leur force, développant une sensibilité picturale qui s'affirmera au fil des ans. «Je suis grand amateur de peinture, notamment de paysages. J'aime les décrire dans mes romans, où ils prennent une certaine place. Des lecteurs un peu pressés, parfois, s'en plaignent... Mais j'estime que ça fait partie de la littérature, grande ou petite. Comme le dit Stephen King: "Il y en a marre de l'anorexie littéraire", du dégoût pour "la matière charnue".» À travers ces randonnées dans le Comminges, Bernard Minier apprend la notion de responsabilité: lorsqu'on évolue seul sur un sentier, on devient responsable de soi-même, exclusivement. Ce qui tranche radicalement, selon lui, avec une société contemporaine tendant à déresponsabiliser, où la culture de l'excuse est de plus en plus prégnante. Ces marches sur les sentiers pyrénéens développent aussi son attachement à ce massif, ainsi qu'à une certaine approche de la montagne, le «pyrénéisme», qu'il distingue nettement de l'alpinisme. Quand le premier se limite à l'exploit sportif, le second entend imbriquer de manière inséparable expériences physique et culturelle de la montagne... «Je revendique totalement cette approche esthétique, illustrée par de grands auteurs comme Henry Russell, Michel Serres et Patrice de Bellefon, qui a écrit de magnifiques textes sur ce massif. J'ai toujours cet aspect en tête quand j'évolue sur un sentier...»

Après avoir étudié à Tarbes et Toulouse, Bernard Minier s'installe en 1984 en région parisienne, où il fera carrière dans l'administration, devenant contrôleur principal des douanes à Montreuil. Écrivant depuis l'enfance, où la lecture en classe de *Robinson Crusoé* l'avait marqué, il participe à des concours de nouvelles et, en 2011, publie un premier roman, *Glacé*[1], au succès fulgurant. Vendu à ce jour à plus de 500000 exemplaires, traduit en de nombreuses langues, ce livre, couronné par le Prix du polar du festival de Cognac, fait connaître le commandant de police Martin Servaz, héros récurrent de cinq ouvrages, affrontant Julian

1. XO, 2011.

Hirtmann, un tueur en série, ancien procureur de Genève. Adapté pour la télévision en 2016 avec Charles Berling, ce thriller met aussi en place l'univers de Bernard Minier, où la montagne, qui sera souvent présente, fait partie intégrante de l'intrigue, devenant quasiment un personnage... Dès ce premier roman, situé dans la ville imaginaire de Saint-Martin-de-Comminges (inspirée par Luchon), Bernard Minier développe son goût pour la topographie – une topographie qui comportera souvent des reliefs, qu'ils soient placés sur le continent ou sur une île. Cette géographie mentale doit beaucoup à cette barrière pyrénéenne avec laquelle il a grandi, ainsi qu'à ses lectures de jeunesse. «J'adorais Stevenson, Jules Verne, Tolkien, tous ces livres comme *L'Île au trésor*, *L'Île mystérieuse*, qui s'ouvraient par une carte et inventaient des mondes, à l'image de la terre du Milieu dans *Le Seigneur des anneaux*. C'était une promesse d'évasion...»

Mais la montagne où gravitent les personnages de Bernard Minier n'a rien d'enchanteresse. Elle est source d'inquiétude, de menace et de peur. Vallées profondes, isolées et obscures, versants plongés dans l'ombre où la lune demeure la seule clarté visible... Les personnages de ses livres semblent parfois écrasés par les montagnes, qui finissent par les engloutir. «La nuit, au bout, était sans fond, écrit l'auteur dans un de ses romans. La nuit, comme la neige, nivelle tout, absorbe, dissimule.»

«Grand lecteur des auteurs scandinaves comme Jo Nesbø, j'ai utilisé dès le départ le froid, la glace, la nuit. Le thriller joue énormément sur les peurs et appelle ce type d'atmosphère: la nuit, tout est caché, dans l'ombre: on devine, on pressent, mais on ne voit pas. On entend, en revanche, tous les autres sens sont stimulés, ce qui m'intéresse énormément...» La montagne, comme la forêt, est-elle un outil idéal pour l'auteur de thriller? Ce genre littéraire, explique Bernard Minier, fonctionne sur les émotions: on essaie non seulement d'y raconter une histoire, mais d'immerger son lecteur dans cette histoire, de faire en sorte qu'il vive et ressente ce que les personnages vivent et ressentent eux-mêmes. Or, cette intensité émotionnelle s'obtient beaucoup plus facilement avec l'obscurité, l'ombre, qu'en plein jour. Milieu potentiellement hostile, notamment en hiver, quand le temps se couvre subitement, qu'une mer de brume dissimule les sommets, la montagne – milieu isolé et confiné – exacerbe les tensions, provoque un dérèglement des sens, une folie aux conséquences incalculables. *Glacé* met en scène l'institut psychiatrique Wargnier: perché au bout d'une vallée reculée, cet établissement, évoquant les cercles de l'enfer de Dante, accueille les assassins reconnus comme fous par la justice, issus de toute l'Europe. «La folie pousse à des extrémités. Or la montagne elle-même est un milieu extrême. L'idée d'enfermer ces tueurs poussés dans leur tête à des émotions, des sentiments extrêmes, permettait d'établir une correspondance entre la folie intérieure et la démesure des paysages... Tout en restant très réaliste, ce décor monumental donne une tonalité fantastique au roman, que je considère comme un conte de fées pour adultes. Les contes de fées se passent toujours soit dans une forêt, soit dans la montagne...»

Situés au croisement de ce qu'il nomme la littérature de «la fuite» et celle «du réel», les thrillers de Bernard Minier combinent une tonalité quasi fantastique, irréelle, avec une grande rigueur dans la description, qu'il s'agisse des procédures policières ou du monde psychiatrique décrit dans *Glacé*. Préparant minutieusement ses livres, il se documente sur les lieux et milieux où se déroule leur action et arpente les décors où il enverra ses personnages. Il a notamment emprunté le train de nuit entre Oslo et Bergen pour la préparation de *Nuit*[2] («un trajet surréaliste enchaînant tunnels et gares perdues») et s'est rendu en 2014 dans l'archipel des San Juan, au large de Seattle, près de

2. XO, 2017.

la frontière canadienne, pour l'écriture d'*Une putain d'histoire*[3]. Il se souvient de Bowen Island, typique de la région, fréquemment utilisée comme décor pour des tournages de films d'horreur : on aborde l'île en ferry et l'on pénètre dans une espèce de port, sous le brouillard. On a devant soi la rue centrale, unique artère le long de laquelle s'alignent des maisons en bois. L'île, où il pleut une grande partie de l'année, est couverte de montagnes et de forêts tapissées de mousse. Les sous-bois humides, poisseux, exhalant une odeur de sève, abritent une flore et une faune évoquant des tropiques froids : des sapins de 60 mètres de haut (les *Hemlocks*), des limaces grosses comme le poing, accrochées aux rochers... « On s'est retrouvés un jour dans un village isolé, au pied du lac Diablo, tout au fond d'une vallée de la chaîne des Cascades. Quelques voitures cabossées étaient garées dans la rue, où se trouvaient des corbeaux gros comme des petits chiens ! On voyait parfois les rideaux bouger aux fenêtres, mais personne ne se montrait. Il y avait une ambiance... On se serait crus dans une histoire mêlant *Délivrance* et *Twin Peaks* ! »

Bernard Minier vit aujourd'hui dans les Yvelines, près de la forêt de Rambouillet, dans une maison absolument tranquille où il retrouve le silence propre à la montagne, permettant de s'extraire de la civilisation connectée à outrance. Il a beaucoup de mal avec le bruit et explique avoir besoin du silence non seulement pour travailler, mais aussi pour vivre. « J'ai toujours recherché cette paix, que procure la marche sur un sentier de montagne où l'on écoute sa respiration, ses muscles, où l'on trouve un autre rythme. C'est irremplaçable. Et comme disait Georges Steiner, "le plus grand luxe aujourd'hui, c'est le silence". »

Nous nous sommes retrouvés dans les locaux de son éditeur, dans les derniers étages de la tour Montparnasse, pour réaliser

3. XO, 2015.

l'interview. Avant de monter, dans le hall, lorsque les portes de l'ascenseur se sont ouvertes, j'ai eu l'impression de pénétrer dans l'univers de son dernier roman, *M, le bord de l'abîme*[4]. Situé à Hong Kong, décor de verre et d'acier, ce texte étonnant explore cette société de la connexion où technologie et intelligence artificielle prennent le pouvoir… On se croit plongés dans un futur quasi totalitaire, mais, insiste l'auteur, toutes les technologies décrites dans le livre… existent. Bernard Minier, qui a gardé une pointe d'accent du Sud-Ouest, est un personnage accessible, simple et chaleureux. Célébré en France et à l'étranger – le très sérieux *Times* a inscrit *Glacé* dans la liste des 100 meilleurs romans policiers et thrillers publiés depuis 1945 ! –, il n'a pas pris pour autant la grosse tête. Fan de Bruce Springsteen, cet homme érudit à la culture éclectique, citant Aristote et John Le Carré, Borges et Pierre Michon (placé en exergue de *Sœurs*) garde une grande tendresse pour ses Pyrénées natales, massif plus sauvage que les Alpes, qui constitue une planète en soi, vivant avec ses propres règles. « Le Pyrénéen a toujours eu un esprit d'indépendance fort… Étant donné mon emploi du temps, aujourd'hui, j'ai peu de temps pour y retourner. *La Vallée* revient dans ces montagnes. Cela se passe en plein été, mais la peur et l'inquiétude y sont toujours présentes – il y a quand même de l'ombre au fond des bois. »

4. XO, 2019.

Dominik Moll

Cinéaste

Décembre 2022

«Ce n'est pas un hasard si beaucoup de mes films sont situés dans des décors montagneux. Il y a forcément quelque chose qui reste de mon enfance et de mon adolescence...» Né à Bühl (Bade-Wurtemberg) d'un père allemand et d'une mère française, Dominik Moll a grandi à Baden-Baden, en bordure de la Forêt-Noire. Située dans un quartier résidentiel, la maison familiale fait face aux arbres. «Je n'avais qu'à traverser la rue et j'étais en forêt, où la pente débutait immédiatement. Ce n'est certes pas de la haute montagne, mais c'est de la montagne quand même...» Ce relief boisé accompagne le quotidien et constitue une présence. Enfant, il s'y rend pour construire des cabanes, croisant parfois un chevreuil ou un sanglier, et commence à se passionner pour les oiseaux. Inscrit à la Ligue allemande de protection des oiseaux, il participe à des sorties «ornithos» dans la plaine du Rhin pour y observer le courlis cendré et autres rousserolles. Cet intérêt pour le monde animal – des vivariums remplis de reptiles et de batraciens encombrent sa chambre – se combine avec la pratique de la randonnée. La famille passe toutes les vacances d'été dans l'Hexagone, alternant mer et montagne. «Mon père était très "rando". Ce n'était pas un sportif de haut niveau, obsédé par la performance, mais il aimait bien arpenter de nouveaux espaces, pas seulement naturels du reste : il voulait aussi nous faire découvrir des églises, des villes, etc. » Dominik Moll évoque les sorties du week-end en Forêt-Noire et dans les Vosges (toutes proches) assorties de longues séances de ramassage de myrtilles. Les cimes de la Forêt-Noire vont constituer pour lui un référent visuel : il aime franchir la barre des 1 000 mètres et accéder à ces espaces où les arbres se font plus rares, où l'on traverse des sortes de tourbières. « J'aime croiser des milieux différents, parfois plus ouverts ou à nouveau boisés, comme on en trouve dans le Jura et le Vercors. L'espace minéral de la haute montagne m'impressionne, mais je m'y sens moins à l'aise. Je préfère le monde de la moyenne montagne et sa végétation, les changements de perspectives et de biotopes qu'il offre en permanence… »

Été après été, jusqu'à ses dix-sept ans, il va évoluer dans les montagnes françaises en compagnie de ses parents, ses deux sœurs et son frère. Vanoise, Massif central, Jura, une foule d'images lui restent en tête… Il évoque un lac, près du col de la Madeleine, où il se souvient avoir attrapé des tritons alpestres, les cratères de la chaîne des Puys, dont la forme l'avait impressionné, ou encore la vision, toujours gratifiante pour un enfant, de marmottes et de chamois… Comment décrire ce qu'il ressentait alors ? Il évoque un « effet à retardement », dissociant l'analyse rétrospective de l'adulte et le vécu de l'adolescent dans une aventure « obligatoire ». « On râlait beaucoup, parce qu'on trouvait le parcours trop long ou trop fatigant… "Il serait temps de faire le pique-nique…" disait l'un d'entre nous, mais mon père insistait pour continuer, jusqu'à dénicher l'endroit idéal pour la pause : "On va trouver mieux !" » De toutes ces marches, il retient de petits instants de bonheur, de joie pure où le temps semble suspendu : la pause, près d'un col, où l'on déguste un sandwich, ce barrage de pierres bâti dans un ruisseau, quelque part dans les Alpes… Les années défilent ensuite et dessinent une boucle. « On devient soi-même adulte et – c'est ce qui est chouette ! – il en reste quelque chose... Du coup on fait pareil avec ses propres enfants : j'ai emmené mes trois filles en montagne et elles aussi ont... râlé ! »

Il passe son bac et étudie un an à l'université d'Heidelberg, partagé entre littérature et beaux-arts. Mais le cinéma fait irruption dans sa vie et l'attire. Il décide de s'installer à Paris, dont les nombreuses salles lui permettront d'étoffer sa culture cinématographique, et s'inscrit à l'université Paris XVIII. Grâce à un échange avec la City University de New York, il part vivre deux ans aux États-Unis. Inscrit dans un département de cinéma, il va réaliser là-bas ses premiers courts-métrages et, lors d'une escapade à San Francisco, chez un ami, randonner dans le Yosemite. « On n'a croisé personne durant ces trois jours de bivouac, ce qui était incroyable pour moi ! Contrairement aux Alpes françaises où l'on aperçoit toujours une ferme à l'horizon, nous avions autour de nous d'immenses espaces totalement sauvages : c'était vraiment impressionnant ! La nuit, il fallait accrocher les sacs de victuailles à un arbre à cause des ours, ce qui rajoutait évidemment un peu de piment... » À son retour en France, il réussit le concours de l'IDHEC[1] et intègre cette école qui constituera une mine d'apprentissages et de contacts. Il y rencontre notamment Gilles Marchand[2], avec lequel il travaillera souvent par la suite. Ayant comme livre de chevet les célèbres entretiens d'Hitchcock avec Truffaut[3], il va accumuler différentes expériences, travaillant notamment comme assistant réalisateur et assistant monteur. Il tourne son premier film en 1993, *Intimité*, adapté d'une nouvelle de Jean-Paul Sartre. Il se fait connaître du grand public sept ans plus tard, en 2000, avec *Harry, un ami qui vous veut bien*,

1. Institut des hautes études cinématographiques, devenu depuis 1988 la FEMIS (École nationale supérieure des métiers de l'image et du son).
2. Scénariste et réalisateur de *Qui a tué Bambi ?* (2003), *L'Autre Monde* (2010) et *Dans la forêt* (2016).
3. Robert Laffont, 1966. Repris chez Gallimard, 1993.

qui attire près de deux millions de spectateurs et est récompensé par quatre César, dont ceux de la meilleure réalisation et du meilleur acteur (Sergi López). Ce film jubilatoire, déroutant, débute comme une comédie de mœurs et dévie peu à peu vers le polar horrifique : Michel, le protagoniste, retrouve sur une aire d'autoroute un ancien ami de lycée, Harry, qui va s'immiscer dans sa vie et la faire basculer, ne reculant devant rien pour parvenir à ses fins… Ce long-métrage hitchcockien développe un type d'histoire qui reviendra souvent dans les films de Dominik Moll : des personnages ordinaires subitement dépassés par des circonstances étranges, l'irruption du fantastique et de l'irrationnel dans le quotidien. Il se déroule par ailleurs dans un monde que le cinéaste visitera souvent dans ses films : la montagne.

Harry a été tourné dans le Cantal, notamment entre Vic-sur-Cère, le puy Mary et le col de Curebourse. Ce cadre est le fruit de longs repérages menés dans la France entière, du Beaufortain aux Cévennes, en passant par le Vercors et les Alpes de Haute-Provence… L'équipe cherchait une maison isolée en montagne, que l'assistante réalisatrice a fini par dénicher dans le Massif central. « Elle a atterri chez un notaire du coin qui lui a signalé une maison à vendre, très isolée. Elle est partie avec lui en voiture, sur des petites routes, et s'est mise à flipper au bout d'un moment : elle avait l'impression d'être tombée dans un traquenard, de se trouver dans le film ! » Dominik Moll est séduit par la fameuse demeure, la Roussière, qui correspond à ses attentes, mais aussi par la région, dont les paysages l'enthousiasment. Il profite du tournage pour partir randonner dans les environs, qui regorgent de sites splendides. « Autour de la quarantaine, grâce à mes films et aux décors que je choisissais pour les tourner, j'ai redécouvert les plaisirs de la randonnée en montagne, qui étaient en sommeil depuis plusieurs années… » S'il se déroule pour l'essentiel à Toulouse, son film suivant, *Lemming* (avec André Dussollier, Charlotte Rampling, Charlotte Gainsbourg et Laurent Lucas), comporte quelques scènes dans les Pyrénées-Atlantiques, en vallée d'Ossau. Le réalisateur en profitera à nouveau pour s'élancer sur les sentiers... Pourquoi cette appétence visuelle pour la montagne ? « J'allais aussi à la mer avec mes parents, mais je n'ai jamais tourné dans ce milieu : c'est peut-être dû au fait qu'une fois arrivé sur le littoral, on doit s'arrêter (ou alors on nage, et à un moment donné, on se noie). En montagne, on peut toujours continuer et découvrir de nouvelles choses. Le relief m'inspire car au cours d'une randonnée, en parvenant par exemple à un col, on va découvrir un autre point de vue, apercevoir ce qui était caché. Cela résonne en moi car, dans mes films, je parle souvent de ce qui est caché sous la surface, ce qu'on ne voit pas ou ce qu'on va découvrir... » La montagne est au cœur de son sixième long-métrage, *Seules les bêtes*, sorti en 2019. Adapté d'un roman de Colin Niel[4], ce film à la construction virtuose se déroule dans les Cévennes, sur le causse Méjean, près de Florac. Tourné en hiver, il emmène le spectateur sur de hauts plateaux entourés de gorges, figés dans le froid et la blancheur. « La neige est un bel élément à filmer, elle accentue l'isolement et la solitude des personnages. Elle permet aussi de marquer un contraste entre les extérieurs enneigés, ces grandes étendues blanches, et les intérieurs assez sombres, confinés, où vivent les protagonistes. Le côté "forteresse" du causse Méjean, auquel on accède par des petites routes en lacets, m'a impressionné..."

Dominik Moll a réalisé sept longs-métrages et travaillé sur deux séries[5] en vingt-deux ans. Il a patiemment construit une œuvre forte, singulière, qui compte parmi les plus originales du cinéma français contemporain. Influencés par Alfred Hitchcock, Fritz Lang, Stanley Kubrick ou encore David Lynch, ses films, quel que soit le registre, explorent souvent les liens entre réel

4. Éditions du Rouergue (2017).
5. *Tunnel* (2013) et *Eden* (2019).

et imaginaire. « J'aime que les choses dérapent et nous mènent en eaux troubles ; je tends plutôt à créer un univers qui va vers le rêve ou le cauchemar… » Personnage discret, il me reçoit dans l'appartement qu'il habite en proche banlieue parisienne. Les lieux sont à son image : chaleureux et sans ostentation. Dominik Moll se raconte avec naturel et humour ; doté d'un rire communicatif, il retrace son parcours sans chercher à théoriser, revenant sur l'écriture et le tournage de ses films, dont il retrace les étapes, les imprévus et les moments de grâce… *La Nuit du 12* a été un événement cinématographique en 2022. Succès critique et public, ce long-métrage adapté d'un livre de Pauline Guéna[6] raconte l'enquête que mène une section de la PJ sur un féminicide (une jeune femme brûlée vive). Ce film, qui interroge les relations hommes-femmes tout en revisitant les codes du polar, a été tourné entre Grenoble, Saint-Jean-de-Maurienne et le col de la Croix de Fer (où se déroule la scène finale). « La montagne nourrit l'image, elle a un côté "masse", qui crée quelque chose à l'écran. Elle permet d'exprimer un prisme assez large d'émotions : elle peut être à la fois belle, spectaculaire, oppressante ou dangereuse… »

La randonnée en montagne est aujourd'hui une pratique régulière pour Dominik Moll. Ces dernières années, il a beaucoup marché avec sa femme et ses enfants, arpentant Aubrac, Jura, Vosges, Cévennes, Corse et Pyrénées-Atlantiques (près de Lescun). S'il apprécie ces sorties familiales, synonymes d'instants partagés, il aime aussi partir seul, préparant minutieusement son périple sur des cartes IGN dont son père lui a transmis la passion. Muni de jumelles ornithologiques, il bivouaque quelques jours en montagne, à son rythme, où il peut observer les animaux. Il évoque les bouquetins aperçus sur les flancs de la Cougourde, dans le Mercantour, ou encore ce pic tridactyle (très rare) qu'il

6. *18.3 Une année à la PJ*, Folio, 2021.

a suivi un hiver dans le Jura. « Ce sont des instants magiques, privilégiés, où l'on renoue avec le sentiment enfantin d'être un explorateur... J'aime cette coupure temporaire avec la civilisation. Je ne cherche pas le dépassement : je veux simplement prendre le temps de voir et d'entendre... La nature a une bande-son très riche... »

Jean-Louis Murat

Musicien

Décembre 2013

L'émerveillement, pour Jean-Louis Murat, réside d'abord et peut-être avant tout dans le langage. « J'ai toujours aimé le mot même de "montagne", il m'a toujours enthousiasmé ! Il évoque pour moi un sentiment de pureté, d'isolement, on est plus proche du ciel, les éléments naturels se déchaînent... » De son vrai nom Jean-Louis Bergheaud, ce musicien hors normes, auteur, chanteur et compositeur, est né en 1952 à La Bourboule (Puy-de-Dôme), dans le Massif central. Ses parents ayant divorcé, il est élevé par ses grands-parents au sein d'une ferme où il passera l'essentiel de ses premières années, à Murat-le-Quaire. De ce village d'altitude bâti autour d'un piton rocheux, sous la Banne d'Ordanche (1512 m), il tirera son nom d'artiste, mais aussi une quantité d'images, de rêveries... Il se souvient, enfant, d'une visite à des gens de la famille qui vivaient en altitude et tenaient des burons[1], ou encore, avec ses grands-parents, des bêtes que l'on menait à l'estive, au printemps. « Pour moi, c'était fascinant de voir ces immenses troupeaux qui allaient passer l'été sur la montagne... Ça a été mon premier vrai "sentiment

1. Bâtiments en pierre couverts de lauzes (ou d'ardoises) destinés à la fabrication du fromage.

de montagne"...» Cet univers d'altitude sera déterminant dans toutes les facettes et les périodes de sa vie.

Il apprend la musique dès sept ans, au sein de l'Harmonie musicale: du cornet au saxophone ténor, il montre des aptitudes pour tous les instruments. À quinze ans, un professeur d'anglais lui fait découvrir la musique américaine, soul, jazz, blues et rock. Il s'enthousiasme pour les grands noms du blues comme T-Bone Walker, Memphis Slim et John Lee Hooker. Cet engouement sonore se combine avec l'amour des mots. Littérature et poésie entrent dans sa vie, pour ne jamais le quitter: André Gide, Oscar Wilde, Vladimir Nabokov, D.H. Lawrence... À dix-sept ans, il se marie et devient père. Son baccalauréat en poche, il s'inscrit à la faculté de Clermont-Ferrand. Mais le virus du voyage et du dépaysement le rattrape. Il divorce et, au début des années 1970, part sur les routes, où il exercera différents petits boulots, notamment en montagne. Il va travailler pour Vuarnet, le fabricant de lunettes, et être employé comme *skiman* dans plusieurs grandes stations de ski des Alpes françaises (Tignes, Val d'Isère, Chamonix, Avoriaz, ou encore Morzine), qu'il qualifie de «Saint-Tropez de la neige»... Pour autant, il confie avoir vraiment aimé travailler en montagne. «Il fallait bien sûr que je gagne ma croûte, mais tant qu'à faire, autant aller le plus haut possible...» Durant cette période, il pratique beaucoup le ski hors piste, seul, «quitte à y rester». «Je détestais les pistes balisées, damées: je n'aurais jamais pu devenir moniteur pour emmener des clients entre deux remontées mécaniques! J'ai appris le ski avec des copains, un peu tout seul, comme la guitare et le piano, finalement, je suis un peu autodidacte en tout; je n'ai hélas pas le tempérament à écouter quoi que ce soit comme conseil.»

En 1977, il regagne l'Auvergne, où il décide de s'installer, et se consacre à présent entièrement à la musique. Son premier 45 tours, *Suicidez-vous, le peuple est mort*, sort en 1981, suivi de deux albums qui passeront assez inaperçus: *Murat* et

Passions privées. Ce dernier comporte une chanson sur Reinhold Messner: «Uschi». Il a toujours eu une fascination intense pour les alpinistes, dont il aime la solitude, la difficulté, la pureté de la démarche. Lorsqu'il était adolescent, il a rencontré René Desmaison lors de ses conférences et raconte comment il le suivait de ville en ville, s'asseyant au premier rang: «Je lui collais aux basques, j'étais fasciné, par ses mains, ses yeux; j'adorais l'écouter parler, raconter des histoires – il devait ressentir la fascination que j'avais pour lui.» Cette admiration pour les alpinistes s'est accompagnée d'incessantes lectures telles que celles de Frison-Roche et Ramuz. Il confie que pendant longtemps, la moitié des livres qu'il lisait était consacrée à la montagne, à l'épopée de l'alpinisme. Il allait aux puces et collectionnait photos, récits sur l'Himalaya, les Alpes, fasciné par des figures comme Marie Paradis, la première femme à avoir gravi le mont Blanc en 1808… Messner, pour lui, est «le dernier des Mohicans», le dernier grand auquel succède un «alpinisme Decathlon». «Les grandes heures de l'alpinisme ont été comme celles de la pop et du rock, ça a été les années 1970, et puis après c'est terminé. Quand on voit le nombre d'alpinistes qui vont maintenant au sommet de l'Everest, où il y a autant de monde qu'à la station Châtelet, le matin à 9 heures, et les tonnes de merdes qu'ils laissent partout, ça lève le cœur!»

Le succès va arriver quelques années après, avec *Cheyenne Autumn* puis *Le Manteau de pluie*, où figure un des morceaux les plus poignants, les plus emblématiques de son répertoire: «Le col de la Croix-Morand». Culminant à 1401 mètres, à une quarantaine de kilomètres à l'ouest d'Issoire, ce col à la beauté austère, dont l'herbe rase balayée par le vent évoque un peu l'Écosse, est la porte d'entrée vers le massif du Haut-Sancy. «Pour ce monde oublié / Ce royaume enneigé / J'éprouve un sentiment profond…» écrit Murat dans cette chanson au rythme lancinant dont le clavier, diffusé comme des nappes de brume, transporte dans un territoire mystérieux, insaisissable. La nature, l'Auvergne et la montagne en général traversent toute l'œuvre de Murat, comme en attestent de nombreux titres de chansons: «Montagne», «Au mont Sans Soucis», «Haut Arverne», «Nu dans la crevasse», «Pluie d'automne, «Le troupeau», «Caillou», «Le Voleur de rhubarbe», «Gel et rosée»... Ses disques drainent tout un environnement sonore qui restitue de manière très personnelle cet univers: cloches de troupeaux, aboiements de chiens, crissements d'insectes, bruissements de voix... «J'ai l'impression que depuis tout petit, tout ce qui concerne la montagne m'a toujours intéressé, aussi bien l'alpinisme, les animaux, la météo, que la géologie.»

Jean-Louis Murat a sorti une vingtaine de disques à ce jour. Après la pop synthétique des premiers albums, trouvant son apogée avec *Dolores*, influencé par le trip hop, il s'oriente vers une musique plus électrique. En 1999 paraît *Mustango*, dont le titre fait référence au Mustang, un petit royaume du Tibet. Enregistré aux États-Unis, cet album aux accents folk rock inaugure une nouvelle veine qui se prolongera notamment avec *Taormina*, *Le cours ordinaire des choses*, enregistré à Nashville, ou encore *Grand Lièvre*. À travers ces enregistrements, Murat s'inscrit dans la lignée des artistes qu'il révère: Bob Dylan, Leonard Cohen, Neil Young et Robert Wyatt. La musique muratienne, dont les textes énigmatiques, déroutants, laissent une foule d'images dans l'esprit de l'auditeur, est un télescopage étonnant entre le monde auvergnat et les grands espaces américains. Rencontre impossible? Jean-Louis Murat voit une vraie similitude des paysages et reliefs de ces deux univers. «On pourrait facilement tourner des westerns en Auvergne!» Il se souvient, enfant, de la venue du cirque de Buffalo Bill à La Bourboule, amenant avec lui des Indiens sioux. «C'étaient mes héros!»

Son album *Toboggan* est sorti au printemps 2013. La première chanson donne immédiatement le ton: «Il neige / Sur les monts / Sur la large plaine / Comme tous les animaux te craignent /

Il neige depuis des jours / C'est ton secret». Ce disque dépouillé, qui semble concentrer tout l'univers du chanteur, a été enregistré en Auvergne. Jean-Louis Murat habite aujourd'hui une ferme, sur une hauteur surplombant la vallée glaciaire de Roche Tuilière et Sanadoire, près d'Orcival, dans un des lieux parmi les plus magiques d'Auvergne. En s'installant ici, il explique avoir essayé de recréer le lien avec ses grands-parents. «Je suis issu d'une famille de paysans. Ma grande nostalgie est de ne pas avoir été paysan à mon tour. Mon nom, Bergheaud, veut dire "berger" en patois auvergnat. J'ai toujours eu la sensation d'être très naturellement un berger, que mon job était de garder des bêtes sur la montagne...» Quand il regarde de sa fenêtre, les trois-quarts de sa vision sont pris par le ciel; le matin, dès qu'il ouvre un œil, il voit les Deux Roches et imagine la vallée glaciaire qui a creusé les rochers... Chaque jour, quelle que soit la saison ou la circonstance, y compris lors de l'enregistrement de ses disques, il va marcher ou courir une heure en montagne. La marche lui est essentielle pour vivre et créer sa musique. Il essaie d'aller dans des endroits totalement méconnus, inaccessibles, où il est sûr de ne rencontrer personne... «Je ne supporte pas d'entendre un seul bruit de voiture, de moto; j'aime rencontrer des animaux, par surprise, ça fait partie de mon équilibre. Je me réjouis chaque fois que le mauvais temps arrive, je l'adore! Le déchaînement des éléments, la pluie, la grêle, le vent, tout ce qui tient les emmerdeurs cloîtrés chez eux, m'enchante...»

Personnage solitaire et exigeant, à l'image d'artistes comme Gérard Manset ou Hubert-Félix Thiéfaine, Jean-Louis Murat ne pratique pas la langue de bois. Fustigeant la lâcheté de ses contemporains, notamment celle du monde politique – «une fabrique de lopettes» –, il n'hésite pas, lors de ses interventions médiatiques, à remettre ses interlocuteurs en place. Mal à l'aise dans les plaines, les villes et au bord de la mer, Jean-Louis Murat aime habiter «en haut» ; il se sent une «âme verticale» qui s'exprime au mieux en présence de pentes escarpées. Cette verticalité s'oppose à l'horizontalité de la plaine et du monde urbain, dont le bruit de fond permanent empêche de penser. Au-delà des territoires et de l'altitude, cette âme verticale incarne une manière de vivre, une dignité, un courage. Les peuples de montagne, auxquels il est très attaché, incarnent à ses yeux cette dignité. La montagne n'est pas un terrain de jeu que l'on déserte aussitôt la randonnée terminée, avant de rentrer en ville : c'est un monde où l'on vit et où l'on travaille – un monde menacé. Dans la chanson « Vendre les prés », il évoque l'exode rural : « Voilà monde moderne / Et son cul plein de boue / Accusant la montagne / D'être obstacle à la joie / Qui nous toise à travers / Ce devenir sombre / En tombée de la nuit / Tiens nous v'là l'ivre mort / Il faut vendre la terre / Il faut vendre les prés. »

« Dans la guerre entre l'aspiration verticale et horizontale, c'est cette dernière qui gagne... » Et de déplorer le saccage en cours de sa région : « Le massif du Sancy est massacré d'année en année par les aménagements touristiques, comme l'a été la Savoie ! Le monde libéral, avec cette idée de vacances, détruit plus sûrement la Terre que tout le carbone ! La bêtise du touriste est bien plus terrible que tous les trous d'ozone... »

Guillaume Néry

Plongeur apnéiste

Mars 2015

Le Grand Bleu a fait connaître la plongée en apnée à la fin des années 1980. Les duels sous-marins entre Jacques Mayol et Enzo Maiorca ont fasciné des millions de spectateurs qui retenaient leur souffle devant l'écran, visitant les profondeurs bleutées d'un au-delà magique et quasi accessible. Guillaume Néry est le digne successeur de Mayol et Maiorca : il a battu à quatre reprises le record du monde d'apnée en poids constant (descente et remontée à la seule force des palmes ou sans) ! Champion du monde par équipes en 2008, champion du monde individuel en 2011, il plonge aujourd'hui à – 125 mètres (deuxième meilleure performance mondiale). Icône de l'apnée, ce sportif hors norme est aussi profondément attaché à la montagne, jumelle verticale de l'océan. Ses premiers souvenirs remontent à la petite enfance, l'année de ses quatre ans. Il se revoit avec ses parents, sur un sentier, quelque part dans le Mercantour. Son père, dont il tient la main, lui raconte des histoires aux épisodes calés sur les étapes de la randonnée. « Ça m'aidait un peu à oublier la difficulté physique et ça me permettait en même temps d'être totalement immergé dans la nature... Je demandais toujours la suite du conte et, comme dans une version montagnarde de Schéhérazade, pour la connaître il fallait atteindre... le point suivant ! » Pour la famille

Néry, qui a toujours habité Nice, la montagne est un sacerdoce. Le père est technicien dans la médecine nucléaire, et la mère, professeure de mathématiques. Pour se régénérer, le couple va randonner chaque week-end dans le Mercantour avec leur fils. Guillaume se souvient, lors de ces marches dominicales, de vues à 360 degrés sur les Écrins et même la Corse. « La montagne a nourri ma soif d'inconnu : quand on parvient à un sommet, on peut enfin voir ce qu'il y a derrière. C'est un plaisir sans cesse renouvelé, qui m'accompagne encore aujourd'hui quand je pars randonner. » Jusqu'à l'âge de quatorze ans, Guillaume va marcher tous les étés en montagne avec ses parents et découvrir les principaux massifs alpins : Écrins, Mont-Blanc, Vanoise, Beaufortain... « Je me souviens de la vue sur le mont Blanc depuis les Arcs. Je connais toutes les stations de ski, mais l'été ! » Puis vient l'adolescence, l'envie de faire du sport seul et, surtout, d'avoir son propre univers. Ce sera la mer. À l'opposé du tropisme familial.

Guillaume Néry, qui avait l'habitude de plonger près de chez lui avec son masque et ses palmes, découvre l'apnée en 1997. Tout part d'un jeu. Il s'est lancé un défi avec un ami, dans la baie des Anges : retenir sa respiration le plus longtemps possible. Le jeu devient obsession et prend un nouvel essor lorsqu'il rencontre celui qu'il considère comme son maître : Claude Chapuis. Fondateur de l'AIDA (Association internationale pour le développement de l'apnée), ce dernier a voué sa vie à la plongée en apnée. L'activité remonte quasiment à la Préhistoire, lorsque l'homme ramassait les coquillages. Elle est devenue un sport dans le courant des années 1950-1960 et, comme une cousine germaine des activités nature, a bénéficié du boom de l'outdoor et du fun des années 1980 : parapente, surf, planche à voile, escalade, rafting... Plutôt jouisseurs, les premiers adeptes de l'apnée avaient un réflexe anti-autoritaire et refusaient de rentrer dans le cadre rigide des fédérations sportives : à la performance, ces glaneurs d'expériences préféraient l'exubérance des abysses...

Ignorée à l'époque par la FFESSM (Fédération française d'études et de sports sous-marins), qui la jugeait trop dangereuse, la discipline va peu à peu se structurer et, en 2005, l'AIDA organise à Villefranche-sur-Mer le premier championnat du monde.

La pratique de l'apnée va éloigner Guillaume pendant un temps de l'univers montagnard: «J'étais complètement obnubilé par la mer, la profondeur, les entraînements, j'allais tous les week-ends en mer! J'avais la sensation d'avoir trouvé mon chemin. L'eau a toujours participé à mon bien-être...» Guillaume va franchir toutes les étapes pour devenir une figure mondiale de la plongée en apnée: il réalise sa première plongée à – 30 mètres en 1998, décroche son premier record de France en 2001, à – 82 mètres et, l'année suivante, devient le plus jeune recordman du monde en descendant à – 87 mètres! Même dans cette période exclusivement marine, il se souvient d'une anecdote prouvant que le lien avec les sommets n'était pas rompu. Il a seize ans et se rend à Paris pour un salon nautique. Il est très excité car c'est la première fois qu'il prend l'avion. Le survol des Alpes va constituer le temps fort de ce voyage, effaçant l'aboutissement du voyage et les rencontres qu'il fera dans la capitale. «J'avais emporté avec moi un petit appareil photo jetable dont j'ai vidé toute la pellicule durant le premier tiers du vol, à travers le hublot: j'ai photographié la Meije, que j'ai tout de suite reconnue, le glacier Carré, le Râteau, la barre des Écrins, c'était magique!» Après un certain temps, la montagne va reprendre sa place dans la vie de Guillaume Néry. Comme un contrepoint naturel équilibrant son investissement dans la profondeur, l'endroit où il va se ressourcer. Pour vraiment s'aérer l'esprit, physiquement et psychologiquement, il a besoin d'aller à l'opposé, de quitter la profondeur pour aller en altitude... «Je suis un homme vertical. La plongée est une voie qui se prolonge sous terre. Je vis à Nice, qui est entre mer et montagne; j'y suis bien, mais je trouve mon équilibre en gravitant entre ces deux extrêmes.»

Guillaume aime tellement la montagne qu'il l'a intégrée dans sa préparation physique pour l'apnée. Il pratique randonnée et trail en été, raquette et ski de fond en hiver (il a participé à la Transjurassienne). Les sports de fond associés à la montagne sont bénéfiques pour les apnéistes, car ceux-ci ont besoin d'avoir une certaine condition physique, cardiovasculaire et musculaire, ainsi qu'un métabolisme lent – un cœur battant lentement, des fibres musculaires très lentes consommant peu d'oxygène. Comme le rappelle Guillaume, l'âge est plutôt un atout: «Le cœur a tendance à ralentir avec les années et on peut devenir un meilleur apnéiste à 30/40 ans!» Plutôt «grassouillet» quand il était enfant, Guillaume a toujours bénéficié d'un métabolisme lent qui se révèle un atout majeur pour lui: il dit cultiver un mode apaisé et quasi «endormi» à l'approche d'une compétition. Initié par sa mère aux ouvrages de Frison-Roche, Guillaume, qui a dévoré des livres comme *Annapurna premier 8000*[1] ou *Gaspard de la Meije*[2], entretient depuis toujours une fascination pour les alpinistes. Maurice Herzog, Louis Lachenal, Edmund Hillary, Tenzing Norgay... «J'ai une admiration pour ces pionniers de la montagne comme je peux l'avoir pour Mayol en plongée... Ce qu'ils ont réalisé est d'autant plus fort pour moi qu'ils se sont aventurés dans le total inconnu. Aujourd'hui, nous sommes nous aussi des explorateurs, mais on évolue sur un terrain davantage balisé.»

Guillaume, qui aime nager dans les rivières et les lacs de montagne, a uni ses deux univers de prédilection en 2003, en Afghanistan. Parti dans le cadre du Paris-Kaboul organisé par Olivier Weber, il plonge dans un des lacs de Band-e Amir, situé à 3000 mètres d'altitude, au cœur des montagnes de l'Hindou Kouch. Avec Loïc Leferme, apnéiste et également grimpeur qu'il

1. Maurice Herzog, Arthaud, 1951.
2. Roger Canac, PUG, 1992.

considérait comme un ami et un grand frère, il tirera un film de ce périple : *Bleu afghan*. Au fil des années, Guillaume a relevé de nombreux points communs entre plongée en apnée et alpinisme. Le premier, et le plus évident, est la corde qui vous relie aux autres et vous guide : l'apnéiste descend le long d'un câble auquel il est longé, encordé. « Notre binôme nous surveille et assure notre sécurité comme un compagnon de cordée sur une falaise. On n'est jamais seul ! Celui qui grimpe, en ce sens, est pour moi le frère de celui qui descend : on cherche tous à couper avec le monde horizontal, on a la même difficulté à respirer paisiblement au niveau zéro de l'exaltation... » Deuxième point commun : la notion d'engagement, de point de non-retour à évaluer, accepter et dépasser en toute conscience... Deux écoles existent en apnée, comparables aux différentes conceptions de l'alpinisme : les tenants du « no limit » et ceux du « naturel ». Les premiers utilisent des techniques motorisées comme les gueuses[3] pour descendre, avec la volonté d'être « l'homme le plus profond du monde ». Les seconds, comme Guillaume, veulent descendre avec le minimum d'aide matérielle, n'acceptant que les palmes. « Je pourrais comparer ces démarches au fait d'utiliser ou non de l'oxygène pour partir en Himalaya : on ne réalise pas la même performance selon qu'on a recours ou non à une assistance technique... » Troisième point commun de taille : l'oxygène et la nécessaire acclimatation. L'apnée et la haute montagne entretiennent le même rapport à l'hypoxie. « Comme l'himalayiste qui part du camp de base et progresse par étapes, nous devons descendre pas à pas, faire des descentes de plus en plus profondes. Il est impossible de se lancer et de plonger à – 125 mètres sans avoir

3. La gueuse est une masse facilitant la descente. C'est généralement un appareil lesté (entre 15 et 30 kg) fixé sur un câble et pouvant se déplacer verticalement. Simple lest ou accompagnée d'accessoires, elle permet de minimiser le palmage voire de l'éviter complètement.

petit à petit apprivoisé le grand fond, accoutumé ses poumons à la compression!»

La dernière similitude, peut-être la plus importante, est la nécessité d'être présent, attentif, totalement concentré sur ce que l'on fait et sur ce que l'on est. La plongée dans les profondeurs, à l'instar du sommet, permet de prendre du recul; ce n'est pas une prise de hauteur, mais une descente en soi. L'eau modifie tous les sens, supprimant notoirement la vue (on ne voit que du bleu), atténuant les sons et le toucher qui deviennent extrêmement basiques. On est confiné à l'intérieur de soi. «L'hyperactivité est l'un des maux de notre société: on a tous peur de se retrouver avec soi-même et l'on s'occupe devant un écran, jusqu'à tomber de fatigue! L'apnée, même "statique", pratiquée en piscine, permet ce retour sur soi. C'est un grand exercice mental et spirituel, car on ne peut pas s'échapper, bouger, on est prisonnier de son corps, et du coup on est contraint de faire face à soi-même.» Ce monde silencieux et quasi monochrome, Guillaume le retrouve en parvenant à un sommet: l'horizon se déroule en une suite de cimes bleu-gris balayées par le vent où tout semble converger, se dissoudre... Il explique ressentir la même forme d'apaisement lorsqu'il redescend de la montagne ou remonte des profondeurs. Dans les deux univers, il se sent en connexion avec le Tout, qu'il s'agisse du ciel, de la terre ou de l'océan; il fait corps avec le monde, embrassé dans un souffle commun, une même respiration.

Guillaume Néry est une véritable icône de l'apnée. Dans un café de la Porte de Versailles où nous nous retrouvons pour réaliser l'entretien, pendant le Salon nautique de Paris, de nombreuses personnes passent le saluer pour lui témoigner leur admiration et, surtout, leur reconnaissance: «Bravo pour ce que vous faites...» lui lance timidement un jeune couple. Guillaume représente une certaine idée de l'aventure et de la liberté pour tous ces passionnés de l'océan. Ces dernières années, il a touché un très large public à travers un livre, *Profondeurs*[4], ainsi que plusieurs films réalisés avec son ex-compagne, Julie Gautier: *Free Fall*, où on le voit marcher vers le gouffre sous-marin le plus profond du monde, le Dean's Blue Hole (Bahamas), *Ocean Gravity* et *Narcose*. Ce dernier, sans doute le plus étonnant, met en scène les visions qui assaillent l'apnéiste gagné par l'ivresse des profondeurs, aux alentours des 100 mètres, à cause d'une trop grande concentration d'oxygène et de CO_2. Parfois anxiogènes, ces visions qu'il doit apprendre à domestiquer alternent entre rêve et cauchemar...

La montagne, aujourd'hui, est avant tout synonyme de plaisir pour Guillaume Néry. Reprenant le flambeau familial, il part randonner avec sa fille, qu'il porte sur son dos. Ils sont notamment allés au mont Ténibre, un sommet avec une vue fabuleuse sur le mont Rose et le Viso, ainsi qu'au mont Gélas, plus haut sommet des Alpes-Maritimes... «Ce partage avec ma fille était fabuleux. Voir à quel point Maï-Lou était contente, heureuse là-haut, était un grand bonheur!» Guillaume rêve de faire un jour le Viso, la Meije, qui l'a toujours fasciné, et, pourquoi pas, le Cervin. La marche est une activité essentielle pour lui, car elle développe un rapport unique au temps et à l'espace. Il aime l'idée de ce long chemin nécessaire pour parvenir à un sommet. On voit le paysage se transformer peu à peu, passer des feuillus aux conifères pour arriver à un monde plus minéral. C'est une transformation imperceptible et prenante: un pas n'est rien en soi, mais en même temps tous ces pas se succédant nous amènent loin... «La plongée est similaire, mais dans une échelle de temps encore plus courte. Je ne pense pas à 125 mètres, je pense à chaque seconde qui va passer. Sous l'eau comme sur un sentier, j'essaie de calmer le flot des pensées et de vivre cet instant présent dans l'immobilité.»

---

4. Arthaud, 2014.

Françoise Nyssen

Éditrice et femme politique

Mars 2022

Vallée des Merveilles: le nom paraît prédestiné. Françoise Nyssen a quinze ans. En compagnie de sa mère et de son beau-père, elle effectue une longue randonnée dans ce secteur du Mercantour, qui compte de nombreuses gravures rupestres. Peu habituée à la marche, elle se souvient avoir râlé, demandé à plusieurs reprises quand l'effort prendrait fin, mais ces sentiments ont disparu avec les années. Elle évoque aujourd'hui un souvenir qui «la rend heureuse». «J'ai adoré l'expérience du refuge, le soir, adoré me retrouver, au sens propre et figuré, "hors des sentiers battus". J'ai été frappée par la taille et la beauté des paysages, à couper le souffle! Appréhender la montagne à pied change tout, cela procure une autre vision des choses, un sentiment de liberté...» Marquée par cette expérience, elle retourne randonner deux ans plus tard au-dessus de Saint-Martin-de-Vésubie, pour ses premières vacances. Avec un groupe d'amis, sac au dos, elle sillonne les montagnes une semaine durant. Le pli est pris; les sommets sont gravés dans son esprit. «Depuis lors, la pratique de la marche en montagne est peut-être ce que je préfère au monde!»

Françoise Nyssen a grandi loin des sommets. Née à Etterbeek, en Belgique, elle a longtemps vécu à Bruxelles, où elle a fait toute sa scolarité (obtenant notamment une licence en chimie).

Son parcours est en grande partie influencé par son beau-père, le biologiste René Thomas (1928-2017), qui joue un rôle capital dans son existence. Scientifique reconnu par ses pairs, médaille d'or du CNRS, René Thomas, mélomane averti, joue du tuba, du hautbois, et pratique l'alpinisme à très haut niveau (il a grimpé avec Lionel Terray). « Il nous a communiqué l'amour de la musique et de la montagne… » Fille d'Hubert Nyssen, fondateur des éditions Actes Sud, Françoise Nyssen rejoint en 1980 le monde de l'édition. Associée, puis présidente-directrice générale de la coopérative d'éditions du Paradou, elle devient en 1987 associée et présidente du directoire d'Actes Sud, dont le siège est situé au Méjan (quartier d'Arles situé en bord de Rhône). L'édition, comme elle l'explique, est un domaine accaparant : « Être éditeur vous oblige à beaucoup travailler, il n'y a pas d'alternative… Ce métier mobilise l'énergie de tout un chacun et on prend peu de vacances ! »

Pendant l'un de ses rares congés, elle se trouve avec ses enfants et son second mari, Jean-Paul Capitani, à Val-des-Prés, dans la vallée de la Clarée. Le couple tombe amoureux du site. Lors d'une promenade, ils découvrent une vieille maison du XVIIIe siècle, ancien relais de poste situé en bord de route, où figure le panneau « à vendre ». Ils vont immédiatement se renseigner auprès des propriétaires et acquièrent la demeure. Cette maison, qui scelle le lien indéfectible de Françoise Nyssen avec la montagne, a une dimension affective et familiale très forte. « Nous avons passé toutes nos vacances là-bas, ensemble. Quand on a sept enfants et qu'on lance une maison d'édition, contrairement à ce que les gens pensent, on n'a pas forcément les moyens de voyager, d'aller à l'hôtel ou même de louer… » On imagine de grandes tablées, les rires des enfants, le bruissement des conversations, les plats qui circulent, la simplicité, la joie et la complicité. Depuis trente-cinq ans, la maison, où le couple n'a pas hésité à amener des chevaux, a fait l'objet de nombreux travaux.

Éte comme hiver, elle constitue le lieu des retrouvailles, l'endroit hors du temps et hors du monde où se rassemblent les générations. «Cet été encore, une partie des enfants est venue, ça a été une joie infinie! Là, maintenant, avec les petits-enfants, on est tellement heureux... Cette maison, c'est notre bonheur de "vieux" (rires).»

La vallée de la Clarée, pour Françoise Nyssen, est étroitement associée à la randonnée. La maison se mue l'été en camp de base où l'on réfléchit aux futures destinations. Une de ses grandes joies est de pouvoir partir à pied directement de chez elle (la Clarée coule au fond du jardin), sans devoir prendre la voiture. À chacun de ses séjours, elle cède à un rituel: une marche jusqu'au refuge Buffère (situé à 2076 m), dont elle connaît les gardiens, Claude et Nanette, devenus au fil des ans des amis. Cette marche signe en quelque sorte le début d'une nouvelle saison montagnarde, les retrouvailles avec ce milieu. Au fil des années, elle a arpenté de nombreux sentiers de ce secteur des Hautes-Alpes proche de l'Italie, autour de Névache. Elle peut égrener la liste des cols, refuges, vallées et lacs de ce massif qu'elle affectionne par-dessus tout: refuge des Drayères et du Chardonnet, vallée Étroite, vallée des Fonts de Cervières, col de l'Échelle, mont Thabor, lac des Cordes, lac Rond ou encore lac du Serpent... «Nous partons en famille pour des balades de 4/5 heures en moyenne. Les lacs constituent une destination idéale, très plaisante, qui permet de pique-niquer puis de se baigner. Il arrive à nos enfants de passer la nuit en refuge, mais nous ne faisons pas d'itinérance, mon mari et moi: on redescend au chalet pour préparer la tambouille pour tout le monde – nous avons quatorze petits-enfants!» Françoise Nyssen est heureuse, aujourd'hui, d'avoir transmis à ses enfants et petits-enfants ce goût de la montagne, hérité de son beau-père, mais aussi de son mari, qui sillonnait les Alpes-de-Haute-Provence lorsqu'il était berger. Marcher, à l'écouter, est une façon de vivre, d'éprouver notre rapport au temps et à l'espace, de resserrer notre lien à la nature et aux autres espèces. En montagne, explique-t-elle, citant Baptiste Morizot[1], on se sent vivant parmi les vivants. « La montagne, qui est quand même un peu plus isolée, possède une flore et une faune d'une incroyable richesse, que l'on réapprend à contempler, à nommer, quand on part randonner… »

École du regard, la montagne est aussi un monde fragile, menacé par le bouleversement climatique, qui incite à l'action, à la vigilance. Françoise Nyssen a pris très tôt conscience des enjeux écologiques. Elle évoque un choc déclencheur, l'année de ses dix-sept ans. En tant qu'étudiante en chimie, elle est invitée à une journée portes ouvertes par l'Union chimique belge. Au cours de sa visite, elle remarque un tas de poudre blanche, étrange, abandonné dans une pièce, et questionne son guide. « Ça n'est rien, lui répond-on, c'est un sucre style Aspartam, on n'est pas sûrs que ça ne soit pas cancérigène, et ça part en Afrique… » « Là, je me suis dit : "L'industrie chimique, c'est ça ! Ce sera ma bataille, lutter contre ça." » La montagne, ainsi qu'elle l'observe dans la vallée de la Clarée où la fonte du permafrost provoque de fréquents éboulis, où les routes se ravinent, est un sismographe de la planète. Très récemment, elle a pu constater l'étendue des dégâts à La Grave, lors du festival Messiaen au pays de la Meije, où une œuvre du compositeur était interprétée au pied du glacier : « J'ai été catastrophée de voir comment il disparaissait ! C'est tellement flagrant ! Je suis sidérée de constater à quel point les gens n'ont pas toujours conscience de ce phénomène… Je trouve ça inouï et dramatique ! » Cette sensibilité écologique se traduit dans la politique éditoriale d'Actes Sud. Dès sa création, en 1978, la maison d'édition a imprimé sa marque, publiant notamment *Voyage au pays de l'utopie rustique*, d'Henri Mendras, *L'Espace et le*

1. Auteur notamment de *Manières d'être vivant* et *Sur la piste animale*.

Temps en Camargue, de Bernard Picon, ou encore *La Campagne inventée*, de Michel Marie et Jean Viard. Actes Sud, qui a republié des textes fondateurs comme le traité de pratique agronomique d'Olivier de Serres, compte aujourd'hui de nombreuses collections dédiées à la nature et aux questions environnementales : Domaine du possible, Le nom de l'arbre, Mondes sauvages...

Grande lectrice de Jean Giono, notamment de *L'Homme qui plantait des arbres*, Françoise Nyssen est d'ailleurs frappée par l'intérêt croissant que les écrivains portent aux questions environnementales. Parmi ses coups de cœur, elle cite *Demain*[2] de Cyril Dion, livre fondateur pour elle, *L'Espèce fabulatrice*[3] de Nancy Huston, *Sidérations*[4] de Richard Powers, ou encore *La Constellation du chien*[5] de Peter Heller... Elle se reconnaît dans le discours de philosophes et scientifiques comme Baptiste Morizot, Edgar Morin et Marc-André Selosse, qui rappellent que l'Homme ne peut se prévaloir d'aucune supériorité : nous ne sommes qu'un vivant parmi les autres, notre destin est lié à celui des autres créatures peuplant la planète. Femme d'action et de conviction, Françoise Nyssen – qui faisait partie d'un comité de quartier quand elle habitait Bruxelles, et avait lutté contre la destruction de la rue aux Laines et la construction d'un parking – s'est toujours engagée sur les plans écologique, culturel et politique. En 2014, deux ans après le suicide de son fils Antoine, elle fonde avec Jean-Paul Capitani l'école Domaine du possible. Cet établissement scolaire inclusif, situé près d'Arles, accueille des enfants de toutes sensibilités ; il est basé sur une pédagogie par le projet, attentif à chaque enfant pour l'accompagner au mieux de son potentiel, soucieux du

2. Actes Sud, 2015.
3. Actes Sud, 2008.
4. Actes Sud, 2021.
5. Actes Sud, 2013.

rapport à la nature et de l'éveil au sensible. S'inspirant de pédagogies fondées sur la coopération, la curiosité des enfants et une expérience active des apprentissages, il est situé dans une ferme de 136 hectares qui favorise une relation forte avec la nature et les arts.

Trois ans plus tard, elle devient ministre de la Culture, contribuant notamment à créer le Pass culture et à faire adopter par le Parlement européen une réforme du droit d'auteur et des droits voisins pour la rétribution des auteurs et des créateurs, ainsi qu'un soutien aux entreprises de presse face aux géants du numérique, les GAFAM[6]. Au cours des dix-huit mois de son mandat, elle confie avoir peu goûté aux joies de la Clarée : « Les gens se font beaucoup d'idées bizarres sur la vie des ministres, qui est un sacerdoce total : pendant ces dix-huit mois, j'ai dormi cinq heures par nuit et travaillé tout le reste du temps ! Je redescendais extrêmement peu à Arles, je n'avais pas trop le temps, et j'ai été seulement dix jours à la montagne l'été, et cinq en hiver… » Plus récemment, en août 2020, elle a lancé à Arles les rencontres Agir pour le vivant. Une semaine durant, une centaine de participants (scientifiques, artistes, romanciers, philosophes, économistes, etc.) réfléchissent, échangent et imaginent ensemble les solutions pour accompagner la transition qui doit advenir. « On s'est rendu compte combien les gens avaient besoin de parler de ces questions ! On a fait tout le temps salle comble ! » Aujourd'hui, Françoise Nyssen se partage entre Arles, Bruxelles (où vit sa mère), et cette demeure d'altitude. « Je trouve qu'il y a quelque chose d'ouvert chez les gens de la montagne ; ils sont sympathiques, attentifs, courageux. Il y a aussi un aspect parfois dur, brutal, dans cet univers, mais je trouve qu'il suscite une intimité, des connexions humaines

6. Acronyme de Google, Apple, Facebook, Amazon et Microsoft.

particulières. J'ai encore des choses à y faire, à y découvrir. J'aimerais maintenant partir en itinérance et dormir en refuge, me détacher complètement des contingences. Je crois qu'il n'est pas trop tard. »

Nicolas Philibert

Cinéaste

Septembre 2018

L'histoire s'articule autour d'une ville et d'une silhouette. Né à Nancy, Nicolas Philibert grandit à Grenoble où son père, professeur de philosophie, vient d'être nommé. Si la patrie de Stendhal a peu d'attrait architectural à ses yeux, elle offre une topographie exceptionnelle, sertie dans un écrin montagnard entre Vercors, Chartreuse et Belledonne. Parfois, le dimanche, ses parents retrouvent des amis pour des balades en moyenne montagne et emmènent leurs enfants. La marche et, simultanément, la glisse... Il effectue ses premières descentes à ski dès l'âge de trois ans, dans le Queyras, puis, comme beaucoup d'enfants de la cuvette grenobloise, il pratique le ski chaque jeudi après-midi dans le cadre scolaire, à Chamrousse ou Villard-de-Lans. «C'était assez démocratique, car on nous prêtait le matériel. À partir de la 4e, je m'y suis consacré plus sérieusement: on m'a inscrit au Grenoble Université Club, un club très prestigieux, comportant une section Jeunes, où j'ai fait de la compétition. En course, je finissais souvent parmi les derniers. Au bout de quelques années, j'ai abandonné car je n'étais pas à l'aise dans ce milieu: les autres possédaient un matériel dernier cri que mes parents ne pouvaient pas m'offrir, et ils fanfaronnaient; j'aimais vraiment le ski, mais l'esprit de compétition ne me plaisait pas beaucoup.» Il se tourne alors vers le ski de randonnée et, à seize ans, découvre l'escalade, qu'il se met à pratiquer avec des copains dans le Vercors ou en Chartreuse, puis l'alpinisme... «J'adorais ce partage de sensations fortes: ces moments où il faut dominer sa peur, se concentrer avant un passage délicat, réfléchir à l'enchaînement des mouvements qu'il va falloir exécuter pour le franchir. On grimpe autant avec sa tête qu'avec son corps, si ce n'est plus.»

Mais son initiation à la montagne est indissociable d'un homme, ami proche de ses parents, qui a fortement compté pour lui: Paul Keller. Évoquant le célèbre alpiniste, par ailleurs pasteur et théologien, Nicolas Philibert revoit cette silhouette de géant – il mesurait près de deux mètres – qui l'impressionnait beaucoup. «Il organisait des camps de jeunes au cours desquels on pratiquait la randonnée, et le soir, on discutait à n'en plus finir, on refaisait le monde...» Un souvenir a particulièrement marqué Nicolas Philibert. L'année de ses dix-huit ans, alors qu'il attend les résultats du baccalauréat, il reçoit un coup de téléphone de l'alpiniste. «Tu as du temps? Fais ton sac, je passe te chercher dans une heure.» Après avoir garé la voiture à La Bérarde, les deux hommes vont sillonner l'Oisans cinq jours durant, effectuant plusieurs ascensions comme celles du pic Nord des Cavales, de Neige Cordier, du col des Écrins... «Il avait besoin de se dégourdir les jambes avant d'entamer sa saison de guide.» Nicolas Philibert se souvient des immenses enjambées de son compagnon («je devais courir derrière lui!»), des soirées en refuge, encore peu fréquentés en ce début de saison, et de sa profonde modestie: «Il avait participé à plusieurs expéditions en Himalaya, notamment à celle du Jannu en 1962, aux côtés de Lionel Terray, René Desmaison et Robert Paragot, mais il était d'une telle discrétion que j'avais toutes les peines du monde à les lui faire raconter. Il avait beau être président du Syndicat des guides de l'Oisans, il ne se souvenait pas toujours du nom des sommets. "Qu'importe, disait-il, c'est une belle montagne et ça a l'air de passer... Allons-y!"»

Dans cette période charnière de l'existence où on cherche sa voie et où les modèles sont si importants, Paul Keller va fortement marquer Nicolas Philibert. « C'était une figure mythique pour moi. Il dégageait une force extraordinaire. Non seulement à cause de sa taille, de sa stature, mais aussi de sa force de caractère, ses engagements. Paul Keller et le cinéaste René Allio[1], un peu plus tard, ont été pour moi des repères. En m'engageant comme stagiaire sur le tournage des *Camisards*, René Allio m'a permis de débuter dans le cinéma. Un univers assez fermé, dans lequel on n'entre pas facilement. » Une licence de philosophie en poche, Nicolas Philibert quitte Grenoble, et s'installe à Paris dans l'espoir de poursuivre son chemin dans le cinéma. « Je ne me voyais pas encore devenir réalisateur. Cela me semblait hors de ma portée. C'est venu progressivement. » Après avoir été assistant à la mise en scène sur quelques films auprès de René Allio, Alain Tanner ou Claude Goretta, puis avoir co-réalisé avec Gérard Mordillat un premier long-métrage documentaire, *La Voix de son maître*, il va voler de ses propres ailes en tournant en... montagne.

En 1985, par un concours de circonstances, il se voit proposer de remplacer un ami réalisateur, Laurent Chevallier, pour filmer Christophe Profit dans l'ascension de la *Directe américaine* dans la face ouest des Drus. Le film – *Christophe* – se présente comme la reconstitution d'une ascension que Profit a réalisée trois ans plus tôt en solo intégral dans le temps hallucinant de trois heures et dix minutes. « Je me souviens avoir beaucoup hésité ! La perspective de passer une dizaine de jours dans cette face verticale, haute comme près de quatre Tour Eiffel superposées était très anxiogène. J'étais loin d'avoir le niveau requis

1. Réalisateur français (1924-1995), notamment auteur de *La Vieille Dame indigne; Les Camisards; Rude journée pour la reine; Moi, Pierre Rivière, ayant égorgé ma mère, ma sœur et mon frère...*

pour évoluer dans une paroi de cette ampleur! On s'est employé à me rassurer, à m'expliquer l'organisation mise en place, la présence de guides, et après quelques nuits d'insomnie, j'ai fini par accepter...» Le tournage de l'ascension prendra une dizaine de jours. Dix jours tendus, placés sous le signe d'une organisation minutieuse et d'une extrême concentration. Chaque matin, l'équipe de tournage se fait treuiller dans la paroi en hélicoptère, les pales tournant parfois à un mètre du rocher. Il faut cinq rotations pour acheminer toute l'équipe, le matériel, et plusieurs heures pour installer le moindre plan. «Filmer un type qui risque sa peau devant vous ne va pas de soi, c'est par moment insupportable. Christophe avait un sang-froid extraordinaire, mais il n'empêche! Vous savez que la moindre maladresse peut lui être fatale.» Nicolas Philibert se souvient notamment de l'un des passages-clefs de la voie, le fameux «dièdre de 90 mètres», dans lequel Christophe Profit va se trouver bloqué. Il le revoit au milieu de ce passage d'une effrayante sévérité, soudain incapable de continuer. «Il n'est pas assuré, les prises sont minuscules, et il a 800 mètres de vide sous les semelles! Accrochés à la paroi un peu plus haut, nous nous sentons totalement impuissants. Et voilà qu'il se met à redescendre, un pied, un autre, à l'aveugle, sur cinq ou six mètres, jusqu'à atteindre un minuscule point d'appui. On peut enfin lui lancer une corde sans craindre de le déséquilibrer, et on organise aussitôt le retour dans la vallée. Fin du cauchemar. Quelques jours plus tard, il mettra un point d'honneur à y retourner.»

Ce tournage vertical n'est pas anodin pour Nicolas Philibert. Par nécessité, mais aussi par plaisir, il va renouer durant cette période avec la pratique de l'escalade, se rendant régulièrement avec des amis sur les rochers de Fontainebleau, à la montagne Sainte-Victoire... Le plaisir de grimper étant intact, il entraîne dans l'aventure d'anciens copains de Grenoble qui avaient tous arrêté. Mais surtout, cette expérience cinématographique va en susciter d'autres : après ce tournage dans les Drus, Nicolas Philibert va retrouver Christophe Profit, filmant cette fois en temps réel son enchaînement hivernal des trois plus grandes faces nord des Alpes : Grandes Jorasses, Eiger et Cervin. Ce sera *Trilogie pour un homme seul*. Ce tournage, qui a exigé des mois de préparation, représente un tour de force logistique et humain : il faut maintenir en *stand-by* trois équipes techniques du 21 décembre au 21 mars, faire en sorte qu'elles soient prêtes à tourner dès qu'une fenêtre météo se dégagera, gérer les trajectoires des hélicoptères, le passage des douanes, les déposes en paroi, le fonctionnement des batteries des caméras dans le froid, etc. « Six mois d'organisation au cordeau ! Rien ne devait être laissé au hasard, et en même temps, il fallait pouvoir accueillir l'imprévu : si Christophe avait décidé d'inverser au dernier moment l'ordre de ses ascensions, il aurait bien fallu nous adapter... » Les 12 et 13 mars 1987, Christophe Profit enchaîne les trois faces en... 42 heures.

Un an plus tard, Nicolas Philibert réalise un troisième film de montagne, *Le Come-back de Baquet*, qui réunit Christophe Profit et Maurice Baquet pour l'ascension de la face sud de l'aiguille du Midi, ouverte en 1956 par Gaston Rébuffat et Baquet. « Maurice était un type hors du commun. Il avait tant de facettes qu'avant de le rencontrer je croyais qu'ils étaient plusieurs : le violoncelliste, l'alpiniste, le chanteur d'opérette, l'acteur de Jean Renoir, l'ami des frères Prévert... » Nicolas Philibert évoque avec émotion le dernier échange téléphonique qu'il a eu avec lui, trois semaines avant sa mort. « À la revoyure ! » avait conclu Maurice, devenu complètement aveugle. « Dans le monde qui est le nôtre, où l'individualisme gagne du terrain, et où tant de gens se prennent terriblement au sérieux, Maurice Baquet incarnait l'inverse. Son sens de l'humour était inoxydable. Il prenait tout d'une manière décalée. »

École de rigueur et d'organisation, source de plaisirs et d'émotions, ces films de montagne constitueront un précieux apprentissage: «Il fallait tout maîtriser de A à Z, alors que je n'ai aucun penchant pour la logistique. Ce ne sont pas mes films les plus personnels, c'étaient des «commandes», mais j'ai eu un réel plaisir à les faire.» À partir de *La Ville Louvre* (1990), il va changer de registre, enchaîner les longs-métrages documentaires comme *Le Pays des sourds; Un animal, des animaux* ou *La Moindre des choses*, obtenant succès critique et public. En 2002, *Être et avoir* sera le film de tous les records. Prix Louis Delluc, César du meilleur montage, distribué dans une quarantaine de pays, ce film, qui s'attache à montrer la vie quotidienne d'une école «à classe unique» dans un petit village d'Auvergne, attirera un million huit cent mille spectateurs en France. Le réalisateur en sera le premier surpris. Encore aujourd'hui, l'ampleur de ce succès lui semble très mystérieux. Il est certain que la forte présence de la nature, de la neige, du vent, des saisons, de ces plans qui racontent la rigueur du climat, n'y sont pas étrangers. L'école apparaît comme un abri, un refuge contre la violence, la sauvagerie du monde. «Quand l'idée m'est venue de filmer une école rurale, j'ai spontanément choisi de tourner dans une région montagneuse. Il fallait qu'il y ait du relief... au propre comme au figuré. Si les montagnes sont si attractives, c'est parce qu'en même temps qu'elles se donnent à voir, elles masquent une partie de l'horizon. Elles font écran. C'est peut-être pourquoi on veut les gravir. Pour voir ce qu'il y a derrière. Le hic, en montagne, c'est que lorsqu'on atteint enfin ce qu'on pensait être le sommet, on découvre que le vrai sommet est plus loin... On n'est jamais au bout de nos peines. La marche en montagne est une métaphore de la vie.» En 2018, Nicolas Philibert a sorti *De chaque instant*. Tourné en région parisienne, ce long-métrage suit de jeunes étudiants en soins infirmiers, filles et garçons, dont le spectateur va partager les hauts et les bas, les moments de joie, les doutes, les difficultés. Après l'enseignement, la santé, autre profession symbolique, emblématique de l'état d'une société... «J'aime filmer les gestes du travail, l'apprentissage, la transmission: apprendre, c'est se frotter à des choses jusque-là inconnues; on doit franchir des obstacles, surmonter son appréhension. Cela ressemble à la montagne, à cette exploration des versants cachés, aux émotions qu'ils nous réservent.»

Richard Powers

Écrivain

Juin 2022

Du Midwest aux Smoky Mountains... C'est l'histoire d'une métamorphose, d'une prise de conscience comme la montagne, parfois, peut en provoquer. Richard Powers grandit à Lincolnwood, au nord de Chicago. « Le Midwest est dénué du moindre relief, du moindre changement d'altitude... Cette vaste plaine qui s'étend sur des centaines de kilomètres, dans toutes les directions, a constitué mon unique expérience depuis ma naissance jusqu'à mes neuf ans. » Cette année-là, ses parents prennent leurs premières vacances hors du Midwest. La famille a pour destination Fire Island, sur la côte Atlantique. 1388 kilomètres, près de quatorze heures de route. Le trajet paraît infini. À travers les vitres, le jeune Richard discerne soudain un mouvement, une recombinaison de l'espace : des reliefs. Ce sont les monts Allegheny, appartenant à la chaîne des Appalaches, qui sillonne le flanc est des États-Unis et s'étire sur plus de 2000 kilomètres, de Terre-Neuve jusqu'à l'Alabama. « Ce sont des montagnes d'altitude modeste, mais un sommet de 500 mètres était la chose la plus haute que j'avais jamais vue ! C'était stupéfiant... J'avais déjà vu des photos, des images de montagne, mais en faire l'expérience physique était autre chose. C'était très puissant, et je m'en souviens encore... La platitude du Midwest façonnait jusque-là mes pensées, ce à quoi le monde ressemblait : les routes, les champs, les villes, tout était agencé en lignes droites... »

L'année suivante, la famille Powers s'installe à Bangkok, en Thaïlande. Avant de partir pour l'Asie, ils font étape au Nouveau-Mexique, où Richard découvre les montagnes Rocheuses, qui l'émerveillent, et rompent encore plus radicalement avec sa région d'origine. Pour exprimer le contraste, l'étonnement que ces paysages provoquent en lui, il évoque la célèbre réplique du film *Le Magicien d'Oz*, où Dorothy, habitant le Midwest, est emportée avec son chien par une tornade : « "Quelque chose me dit que nous ne sommes plus au Kansas !" C'est ce que les Rocheuses m'ont fait ! C'était merveilleux... » Si les sommets de l'Ouest américain suscitent un choc, ils ne constituent qu'une parenthèse dans une vie qui, longtemps, s'effectuera loin des reliefs. Outre la Thaïlande, il vivra en effet à Boston et aux Pays-Bas. Après avoir étudié la physique, puis la littérature anglaise, Powers apprend la programmation en autodidacte et devient responsable du service informatique d'une coopérative de crédit. Il publie en 1985 son premier roman, *Trois fermiers s'en vont au bal*[1]. Ce texte débute une œuvre qui explorera souvent la relation entre l'humain et la technologie, la manière dont notre créativité et notre ingéniosité nous définissent et nous enferment. Parmi ses thèmes de prédilection figure le fonctionnement du cerveau, qui est au centre de *La Chambre aux échos*[2], récompensé par le prestigieux National Book Award. Le succès et la reconnaissance de Richard Powers vont croissant, livre après livre. Pendant très longtemps, il explique ne pas avoir accordé d'importance au lieu où il habitait, pouvant écrire n'importe où. « Je me disais : "Ton travail aujourd'hui est de produire mille mots !" Et quand je les avais produits, je pouvais faire ce que je voulais ! Mais c'était

1. Le Cherche Midi, 2004.
2. Le Cherche Midi, 2008.

indépendant de l'endroit. Cette manière de procéder était assez représentative de cette drôle de culture contemporaine, où le monde est vu avant tout comme une ressource pour nos activités, et se résume à l'endroit où nous sommes, qui pourrait être n'importe où, comme ces chaînes d'hôtels dont les chambres sont les mêmes, où que vous soyez... »

Entre 2010 et 2014, il effectue trois séjours en Californie, dans la Silicon Valley, où il découvre la randonnée dans les monts Santa Cruz. « C'est très dur de se lier avec les gens, là-bas, car ils sont obsédés par le rêve transhumaniste. Leur credo, c'est : "Restez encore un peu en vie, et on saura soigner la mort !" Et pour moi c'était si déprimant ! Je préférais m'éloigner de tout ça et aller marcher en montagne... » Les forêts de séquoias parmi lesquelles il évolue au cours de ces randonnées vont lui inspirer un grand roman, *L'Arbre-monde*[3] (Prix Pulitzer de la fiction) qui représente un tournant. « Ma rencontre viscérale avec le séquoia, dans ces montagnes, m'a fait réaliser que je n'avais jamais pris en compte dans mes livres l'histoire de la Terre ; je racontais des histoires qui parlaient exclusivement de l'être humain. Là, pour la première fois, j'ai souhaité mettre au centre du roman des personnages non humains, et interroger leur relation avec les humains... » Explorant le drame écologique, *L'Arbre-monde* entrelace les destins de neuf personnages qui peu à peu vont converger vers la Californie, où un séquoia est menacé de destruction. Pour l'écrire, Richard Powers lit une centaine de livres sur les arbres et, surtout, vient les voir, les étudier de près dans le parc national des Smoky Mountains. Cet espace protégé de 2018 kilomètres-carrés, que traverse le sentier des Appalaches, s'étend sur les États du Tennessee et de Caroline du Nord. Les « Smokies », comme on les appelle, figurent parmi les endroits de la planète abritant la plus

3. Le Cherche Midi, 2018.

grande diversité en dehors des tropiques: 700 types de plantes à fleurs, 300 espèces de lichens, et une grande part des 2 % de forêts primaires subsistant sur le sol nord-américain. L'écrivain vient y camper trois jours, et c'est la révélation! «Ça a été une expérience très émouvante pour moi. À mesure que je prenais de l'altitude, les bruits, les lumières, les parfums changeaient. Surtout, en pénétrant dans les parties les plus reculées, j'ai réalisé que j'accédais à des endroits qui n'avaient pas changé depuis environ 10000 ans! C'était très puissant sur le plan émotionnel! C'était mon patrimoine, ce qu'on m'avait légué! Toute la partie est de l'Amérique ressemblait à cela par le passé! Ça m'a beaucoup impressionné et huit mois après, j'y pensais encore...»

Richard Powers retourne l'année suivante dans les Smokies, où il achète une maison et s'installe définitivement. Sa demeure est bâtie à 600 mètres d'altitude. De ses fenêtres, l'hiver, quand les arbres ont perdu leurs feuilles, il peut distinguer les toits des rares maisons voisines. Mais en été, avec la densité des feuillages, ces bâtisses disparaissent et il a l'impression d'être seul, comme si la végétation qui l'entoure était le direct prolongement de la nature sauvage du parc national. «Tout est différent maintenant! Je me lève le matin, je me demande en quelle saison on est, ce qui fleurit, développe des feuilles, quel temps et quelle température il fait, où sera le meilleur endroit où être aujourd'hui: mon travail n'est plus de produire mille mots; mon travail est de vivre ici. Et de comprendre ce qui s'y passe, de sortir, de le voir, de l'observer. Je vais randonner quatre fois par semaine, parfois 30 kilomètres, ou plus...» Pendant ces randonnées, Richard Powers contemple la beauté des lieux. Les Smokies, que les Indiens Cherokees appelaient déjà «le pays de la fumée bleue», génèrent leur propre système climatique. La brume bleutée qui coiffe les sommets est produite par les composants organiques volatils émanant des arbres, dont la concentration est très importante. «Le panorama classique, ici, comprend de douces cascades de montagnes les unes derrière les autres, en plans et arrière-plans. Et pendant un jour brumeux, vous voyez comme un dégradé de bleus et de gris. C'est vraiment magnifique!» Cette beauté est aujourd'hui menacée. Les Smoky Mountains subissent les effets du réchauffement climatique, qui obligent plantes et animaux à s'adapter et à migrer vers les plus hautes altitudes. Par ailleurs, étant situé à proximité des grands centres urbains de l'Est, ce parc national fait l'objet d'une surfréquentation touristique: pas moins de 12 millions de personnes y viennent chaque année! Un flot de voitures, concentrées dans de petits corridors, y circule; les gaz d'échappement se recombinent avec l'humidité ambiante et génèrent des pluies acides qui détruisent les rivières de montagne. «Cet écosystème est soumis à une terrible pression! C'est navrant pour moi d'éprouver de la joie dans cet endroit comportant de tels trésors, si variés, et de voir disparaître les signes de cette diversité...»

Marcher en montagne a changé la vie et la façon de travailler de Richard Powers. Depuis les origines, rappelle-t-il, l'Homme est physiquement fait pour marcher. Cette capacité à se déplacer, qui a constitué un avantage adaptatif considérable, est aussi une source de plaisir et de bienfaits, combinant stimulation et relaxation. «Marcher en forêt exacerbe ce processus, car on inhale les composés organiques volatils produits par les arbres: ce sont des maîtres de la biochimie! On a même des catalogues de ce que ces arbres produisent... Cette flore, avec laquelle nous avons coévolué, nous dope, mais d'une façon positive!» Les sentiers des Smokies s'ouvrent comme autant d'histoires potentielles. Très souvent, il marche seulement deux ou trois kilomètres, quand des personnages, des scènes se présentent à lui. «C'est si stimulant que je dois m'arrêter! Je veux rentrer à la maison avant que ces formidables idées s'évanouissent! J'ai pris sur moi de quoi noter, maintenant.» Au cours d'une randonnée, un jour, il se voit porter un enfant sur ses épaules. Il va se mettre à converser pendant ses pérégrinations avec cet enfant imaginaire et donner naissance à un roman : *Sidérations*[4]. Ce livre met en scène un astrobiologiste, Theo Byrne, qui, depuis la mort de sa femme, élève seul leur jeune garçon de neuf ans, Robin. Attachant et sensible, l'enfant est horrifié par la catastrophe écologique en cours, qu'il ressent comme une offense personnelle. Pour atténuer ses crises, sa difficulté à communiquer, son père l'emmène camper en montagne ; il se résout ensuite à l'intégrer à une thérapie expérimentale, mise en place par un neurologue : par le biais de l'intelligence artificielle, Robin va s'entraîner à développer son empathie et à contrôler ses émotions… Variation moderne du mythe de la caverne de Platon, *Sidérations* flirte avec la science-fiction, faisant référence au livre culte de Daniel Keyes, *Des fleurs pour Algernon*[5]. C'est aussi un texte, par ses magnifiques pages consacrées aux Smoky Mountains, qui s'inscrit dans le *nature writing*, que Richard Powers considère comme un des traits fondamentaux de la littérature, mais aussi de l'identité nationale américaine. « Ce roman est directement lié à l'environnement de montagne où je vis aujourd'hui. Il est nourri par les Smokies, où l'histoire commence et se termine ! Les montagnes sont le seul endroit où le père et le fils sont bien ensemble, où ils peuvent fonctionner. Ils sont malheureux quand ils doivent les quitter et retourner dans le Midwest – ce qui en dit long psychologiquement sur moi. »

---

4. Actes Sud, 2021.
5. J'ai lu, 1972.

Matthieu Ricard

Écrivain, photographe, moine bouddhiste

Décembre 2015

Une matinée d'automne pluvieuse. Au-dehors, sous la grisaille, le bruit des voitures, quelques sirènes, le concert des klaxons... Courant depuis la bouche de métro, vous arrivez en retard à votre lieu de rendez-vous, un petit immeuble parisien jouxtant une librairie. Vous grimpez les marches quatre à quatre et, essoufflé, sonnez enfin à la porte de l'appartement. Intimidé, vous vous asseyez devant votre interlocuteur, drapé dans ses habits de moine bouddhiste. La conversation s'engage. Tout va bien, désormais, ou presque : vous réalisez après quinze minutes que le magnéto n'a... rien enregistré. « Je dois porter la poisse ! » note votre hôte en souriant. La veille, explique-t-il, une équipe de télévision – qui doit revenir tout à l'heure – a réalisé un entretien dont le son n'a pas marché. « Ne vous inquiétez pas, on va reprendre... » Vous relancez votre matériel, le scrutant d'abord avec inquiétude puis, peu à peu, vous vous laissez porter par la voix de votre interlocuteur.

Né à Aix-les-Bains, Matthieu Ricard a passé son enfance à Chambéry. Très tôt, il découvre la montagne avec sa grand-mère paternelle, qui possédait un chalet à Courchevel. Il se souvient du plaisir simple des pique-niques, de longues marches à travers les sapins, de la cueillette des myrtilles et des champignons, ou encore d'excursions jusqu'au lac Bleu, au lac Merlet... Il goûte aussi aux joies du ski à cette époque – « quelle félicité, dit-il, de glisser sur le satin d'une neige matinale hors des pistes fréquentées ! » –, mais il garde une préférence pour la montagne estivale : « La neige est exaltante, mais on se sent davantage dans la nature durant l'été ; on peut profiter des animaux, des couleurs et des senteurs... » Matthieu Ricard s'installe à huit ans avec ses parents en Île-de-France, mais il retourne chaque année en montagne, renouvelant ces promenades qu'il affectionne tant. Fils du philosophe Jean-François Revel et de l'artiste peintre Yahne Le Toumelin, qui a aujourd'hui quatre-vingt-douze ans, il est le neveu de Jacques-Yves Le Toumelin, grand navigateur en solitaire. « J'aime beaucoup la mer, mais je suis un gars des montagnes ! Je suis fasciné par la beauté et l'immensité de ces paysages, dont la vue porte parfois à des centaines de kilomètres ! Bien sûr, les sommets ne sont pas toujours "tranquilles" : le silence peut vite céder la place aux tempêtes et aux orages, mais la montagne garde une forme d'immuabilité – contrairement à la mer qui, par nature, bouge tout le temps. »

Passionné par les sciences, il va suivre des études de biologie puis entrer à l'Institut Pasteur où il travaillera plusieurs années comme chercheur, soutenant une thèse en génétique cellulaire sous la direction de François Jacob. Une carrière de chercheur s'ouvre devant lui, mais Matthieu Ricard choisit une tout autre voie. Alors qu'il est encore à la faculté, il découvre avec passion les films d'Arnaud Desjardins sur les grands maîtres tibétains réfugiés sur les versants sud de l'Himalaya, du Cachemire au Bhoutan, après avoir fui l'invasion communiste chinoise. Ces figures du bouddhisme lui font pressentir une perfection profondément inspirante ; elles stimulent son intérêt croissant pour la vie spirituelle, alors qu'il a reçu une éducation entièrement laïque. « J'avais l'impression de voir des êtres qui étaient à l'image de ce qu'ils enseignaient, explique-t-il dans *Le Moine et le Philosophe*[1], le passionnant livre d'entretiens écrit avec son père. Ils avaient l'air si remarquables. Je n'arrivais pas à saisir explicitement pourquoi, mais ce qui me frappait le plus, c'était qu'ils correspondaient à l'idéal du saint, de l'être parfait, du sage, une catégorie d'êtres qu'on ne trouvait plus guère en Occident. [...] Et je me disais: s'il est possible d'atteindre à la perfection sur le plan humain, ce doit être cela.» Quittant les sciences naturelles, c'est désormais la «science contemplative» qui l'anime et l'amènera à effectuer son premier voyage en Inde, à Darjeeling, où il rencontre son futur maître, Kangyur Rinpotché. Il décrit ce dernier comme «un homme rayonnant de bonté, adossé à une fenêtre derrière laquelle s'étend un océan de nuages transpercé par le Kanchenjunga, qui s'élève majestueusement à plus de 8000 mètres». Car cette rencontre ouvre un horizon spirituel, mais aussi géographique: celui des montagnes himalayennes, dont la dimension le stupéfie. «Je suis arrivé la première fois en juillet, pendant la mousson, et l'horizon était totalement bouché. Après dix jours, les nuages se sont entrouverts et j'ai eu l'impression qu'une deuxième chaîne de montagnes, posée sur la première comme un étage supplémentaire, apparaissait! Cette sensation est frappante dans l'Himalaya, qui possède une majesté et une échelle uniques!»

Il décide en 1972 de s'installer définitivement en Himalaya, auprès de Kangyur Rinpotché. En tant que disciple, il apprend à mettre en harmonie son esprit avec celui de son maître; il engage une vie contemplative à ses yeux parfaitement compatible avec sa formation scientifique et le souci de rigueur qu'il y associe: une même quête de vérité unit science et bouddhisme. Ce dernier est lui aussi une approche empirique de la réalité, celle de la nature du monde phénoménal et de la pensée. Matthieu Ricard

1. NiL Éditions, 1997.

a une connaissance intime de l'Himalaya, qu'il a sillonné de long en large : après Darjeeling, il a en effet vécu dix ans au Bhoutan, avant d'aller vivre au Népal, tout en faisant de fréquents voyages au Tibet puis en Chine. Cet environnement montagnard lui paraît particulièrement propice à la méditation. La montagne permet de se sentir « clair », contrairement aux paysages campagnards ou balnéaires, inspirant moiteur et mollesse. « La montagne a un côté vif et éveille vos sens. Cet esprit limpide, lumineux comme un ciel immense, convient parfaitement au méditant ; il suscite une présence éveillée, contribue à une fraîcheur du moment présent. » Autre élément montagnard propice à la méditation : le silence. Depuis qu'il vit en Himalaya, Matthieu Ricard connaît toutes les nuances sonores d'un environnement préservé : un enfant criant dans la vallée, le crépitement d'un feu, au loin, la voix d'un berger sur le versant opposé, ou encore le bruissement de la pluie sur les arbres, prévenant de l'arrivée d'une averse, et indiquant sa direction… Un soir, raconte-t-il, il s'est demandé pourquoi quelqu'un jouait du tambour dans le monastère situé à quelques kilomètres de son ermitage : il s'est aperçu que ce bruit n'était autre que celui… de son propre sang, cognant contre ses tempes ! « Ce silence est propice au silence intérieur. Notre mental, qui marche du matin au soir comme "FM mental radio", produit déjà suffisamment de bruits comme ça (rires) ! Pas la peine d'en rajouter avec cette cacophonie urbaine permanente, cette musique diffusée dans les parkings, les restaurants et même les toilettes ! La montagne instaure une sorte d'harmonie très inspirante où chaque son est à sa place. »

Matthieu Ricard est devenu moine en 1979. L'année suivante, grâce à Dilgo Khyentse Rinpoché, il a rencontré le dalaï-lama, dont il est devenu l'interprète pour le français à partir de 1989. Parallèlement à sa démarche intérieure, il est un ambassadeur éclairé du bouddhisme depuis plusieurs décennies. Qu'il s'agisse de l'écriture de ses propres ouvrages comme *L'Art de la méditation*[2], *Plaidoyer pour le bonheur*[3], *Plaidoyer pour l'altruisme*[4], de mémoires de ses maîtres spirituels comme *L'Esprit du Tibet*[5], d'anthologies ou de traductions de textes tibétains, il ne ménage pas ses efforts pour faire connaître aux Occidentaux cette philosophie. Si la méditation, la transformation de l'esprit - permettant d'aller de l'ignorance à la sagesse, de l'égocentrisme à l'altruisme et à la compassion –, est au centre de cette dernière, nulle résignation. «Il est essentiel de ne pas confondre sérénité et apathie, écrit-il. L'une des caractéristiques d'une pratique spirituelle stable est l'invulnérabilité aux conditions extérieures, favorables ou défavorables.» Et de comparer l'esprit du pratiquant à... une montagne que les vents ne peuvent ébranler.

Homme de conviction, remarquable passeur, Matthieu Ricard multiplie conférences, publications et initiatives citoyennes mettant en pratique sa sensibilité humaniste. Végétarien depuis quarante ans, il plaide sans relâche pour une nourriture altruiste et a publié un *Plaidoyer pour les animaux*[6]. Méditant doublé d'un scientifique, il fait par ailleurs partie du *Mind and Life Institute*, facilitant les rencontres entre la science et le bouddhisme (il participe activement à des travaux sur la plasticité neuronale). Enfin, il a fondé en 2000 l'association Karuna-Shechen, à laquelle est versée l'intégralité des droits d'auteur de ses livres. Cette structure initie et gère des projets spécialisés dans la prestation de soins de santé primaires et de services éducatifs et sociaux aux populations défavorisées en Inde, au Tibet et au Népal. Après le tremblement de terre, l'association a aidé 200 000 personnes dans 570 villages, distribuant 600 tonnes de riz, 15 000 tentes et bâches, soignant les habitants. «Je me déplace beaucoup pour

2. NiL Éditions, 2008.
3. NiL Éditions, 2003.
4. NiL Éditions, 2013.
5. Seuil, 2001.
6. Allary, 2014.

mes projets humanitaires, que ce soit à pied, à cheval, en 4X4 ou à moto. C'est souvent épique ! On se retrouve à l'arrière de la moto, sur un chemin de 50 centimètres de large, en pente, avec un ravin en dessous ! Parfois aussi, on traverse une rivière à toute vitesse, avec de l'eau jusqu'au moteur... »

La montagne est l'environnement quotidien de Matthieu Ricard. Il vit aujourd'hui dans le monastère de Shechen, au Népal, à 2000 mètres d'altitude. Il marche très fréquemment, jusqu'à dix heures, mais toujours dans un but précis : « Je ne me déplace pas pour user mes chaussures ! Mes randonnées sont liées à mes projets humanitaires, à la visite d'un maître spirituel ou d'un lieu saint. Tout est sacré ici, les lacs, les montagnes et les grottes. Cela donne une force et une vie incroyables aux lieux ! » S'il est accoutumé à l'altitude, il craint la très haute montagne, qu'il a brièvement explorée en 1999, en effectuant l'ascension du mont Kaïlash. Il se souvient d'une progression de plus en plus difficile, où chaque pas devient douloureux, du passage d'un col et d'une nuit passée à 5800 mètres où il a souffert du mal aigu des montagnes. Il en a réchappé sans séquelle, mais son verdict est sans appel : « Sans entraînement, ça n'est pas humain à de telles altitudes ! » Si la montagne est parfois source de frayeur, elle est aussi le théâtre d'instants privilégiés. En 2003, dans l'est du Bhoutan, il a vécu ce qu'il nomme « une expérience de bout du monde », en se rendant dans un cirque perché à 4700 mètres. Le périple dure trois jours, à raison de douze heures de marche quotidienne. D'abord, le randonneur évolue dans une forêt quasiment primitive, au sol marécageux, où l'étroitesse du sentier ne permet pas de planter une tente (on fait halte dans des hameaux de trois ou quatre maisons). Puis, le troisième jour, ayant atteint une altitude de 3700 mètres, on sort enfin de la forêt. Il faut gravir des chemins très pentus où affleurent des rochers, avant de parvenir à un col. On a devant soi un cirque de montagne enneigé, traversé par une rivière, où sont nichés deux petits temples et quelques ermitages. «Je n'ai jamais eu autant le sentiment d'être au bout du monde. Je suis resté quelques jours là-bas, sans aucun moyen de communication. On pourrait disparaître à jamais, personne ne saurait jamais où vous vous trouvez!» Ce séjour hors du temps lui a inspiré un conte spirituel, *La Citadelle des neiges*[7], retraçant le parcours initiatique d'un jeune Bhoutanais, Détchèn.

Habitant de l'Himalaya depuis plus de quarante ans, il a appris à connaître et à aimer ses populations. «Les gens du Népal, du Tibet et du Bhoutan sont extrêmement joviaux. On dit parfois qu'ils sont un peu renfrognés, taciturnes, ce n'est pas vrai du tout! Ils rigolent tout le temps, sont incroyablement habitués aux éléments.» Et de raconter une anecdote récente. Il se trouvait avec un groupe de Tibétains sous une tente, alors qu'une grosse averse tombait. Ses compagnons, sans parapluie ni capuche, décident tout à coup de quitter l'abri pour reprendre la route. «Attendez! leur dit Matthieu Ricard, il tombe des cordes, on va se faire tremper!» «Et alors?» lui répondent-ils. Ils pourraient attendre que la pluie s'arrête, mais ils n'y pensent même pas – ça n'est que de l'eau, qui ne les affecte en rien. Au fil des années, Matthieu Ricard n'a cessé d'apprécier la beauté des lieux et a développé une importante activité de photographe. Auteur d'une dizaine d'ouvrages, il admire les photographes américains de «nature et de montagne» tels qu'Ansel Adams et ceux du Sierra Club comme Galen Rowell, ou encore Ernst Haas et son album *La Création*[8]. «Pour moi, la photographie, c'est vraiment le moyen de transmettre à quel point j'ai été saisi par cette beauté. Cartier-Bresson disait: "Je ne prends pas de photo, je suis pris par les photos." Moi, je suis pris par les paysages. La montagne himalayenne, où le bleu du ciel est d'une intensité irréelle, offre une palette de couleurs et de textures quasi infinie.» Cette célébration

7. NiL Éditions, 2005.
8. Denoël, 1971.

esthétique, cependant, a aussi une dimension militante : transmettre la beauté par l'image constitue un plaidoyer pour la nature et sa préservation. Surnommé le 3e pôle, car il compte près de deux mille glaciers, l'Himalaya est particulièrement affecté par le réchauffement climatique : les fumées des usines indiennes, pakistanaises et chinoises se déposent sur la glace dont elles accélèrent la fonte. Triste ironie du sort : des pays comme le Bhoutan, extrêmement respectueux sur le plan écologique, absorbent plus de carbone qu'ils n'en émettent. « On assiste à une véritable injustice climatique ! » tempête Matthieu Ricard. Plaidoyer pour l'environnement, ses photos sont aussi un hommage aux hommes et aux femmes vivant à ses côtés. Il a publié *Visages de paix, terres de sérénité*[9], un recueil de cent cinquante clichés en noir et blanc pris au Tibet, au Bhoutan, en Inde et au Népal. On y retrouve des portraits de ses maîtres spirituels, mais aussi de moines et de nonnes, de simples habitants de ces régions. « J'ai pris le parti, avec ces photos, de célébrer la beauté intérieure de la nature humaine afin de redonner confiance et espoir à ceux qui douteraient du potentiel d'altruisme et de compassion de l'humanité. »

9. La Martinière, 2015.

Paolo Rumiz

Écrivain

Décembre 2017

Paolo Rumiz revoit les cartes étalées sur la table de la cuisine familiale, à Trieste. Il a trois, peut-être quatre ans... Chaque vendredi soir, son père, officier dans l'armée («un homme gentil, ce qui est rare chez les militaires»), compose l'itinéraire de ses sorties du week-end en montagne. Le jeune enfant est fasciné par les couleurs et les courbes de niveau, qui lui resteront à jamais en mémoire. «Je connaissais par cœur la distance entre deux sommets, que j'ai par la suite transposée au reste de la planète: j'ai commencé à mesurer le monde à travers la montagne, qui est mon mètre étalon...» La montagne, pour Paolo, est d'abord associée à l'hiver. Son père, qui a conçu un système pour fixer les skis sur son vélo dès l'âge de six ans, l'initie à la glisse sur les flancs du monte Canin, un sommet de 2587 mètres, sur la frontière entre l'Italie et la Slovénie, dans les Alpes juliennes. Il skie de janvier à début mai, goûtant aux plaisirs du *firne*, cette magnifique neige de printemps cuisinée par le soleil. Il se souvient, un après-midi, avoir aperçu sur ces pentes Émile Allais, le célèbre skieur français, faisant la course avec l'Autrichien Egon Schopef. Les deux hommes, qui dessinent d'amples virages en contrebas d'une falaise de 300 mètres, ressemblent à des diables et disparaîtront un peu plus tard dans les forêts, en aval...

Après l'espace, la montagne donne aussi la mesure du temps et des saisons à Paolo Rumiz. «Je suis né et j'ai grandi sur la mer, mais les montagnes étaient toutes proches. Pour moi, il n'y a jamais eu de distance entre les deux royaumes, les deux univers se touchaient constamment et j'avais l'impression d'habiter sur la ligne délimitant ces deux immensités...» Terre de mer, de rocs et de vent, escarpement entre deux mondes, Trieste est une base plutôt qu'une ville, d'où il rêvera tous ses départs... Avec son ami Virgile qui lui enseigne les rudiments techniques, il commence à pratiquer l'escalade à quatorze ans, sur une falaise école située à une heure et demie de marche, Val Rosandra. Le lieu, dont le nom, à la fois féminin et masculin, l'enchante, se situe à la frontière de la Méditerranée et des Alpes, cette immensité qui commence derrière Trieste et s'étend jusqu'à la Russie... «C'est une frontière incroyable, car de là on voit la ville avec ses lumières, de l'autre côté c'est la nuit absolue, il n'y a rien! Pour moi, ce canyon semblable au Verdon était une porte permettant d'entrer dans un monde mystérieux et infini qui allait jusqu'à Vladivostok, ou même jusqu'au détroit de Behring... Cela me faisait rêver.»

Adolescent intrépide et extrêmement agile, Paolo pratique la grimpe sous toutes ses formes: avec son ami, il escalade les falaises mais aussi la façade des bâtiments publics... de nuit. Un soir, la police les arrête, les prenant pour des cambrioleurs. Les carabiniers leur demandent à quoi sert ce matériel et s'ils savent le manipuler. Souhaitant faire une démonstration, Paolo jette sa corde à l'extérieur de la fenêtre, qu'il s'apprête à descendre en rappel. Pris de panique, le policier l'arrête au dernier moment – «Non, non, restez! Si vous tombiez, mon Dieu!» – et relâche immédiatement les deux jeunes gens. «Ils ont compris que nous étions des fous», note-t-il, amusé. Ces comportements à risque effraient le père de Paolo Rumiz, qui monte un curieux stratagème pour éloigner son fils des sommets. L'année de ses seize ans, il l'emmène en effet à Chamonix dans le but inavoué de lui faire peur. Paolo se souvient encore de son arrivée, à la tombée du jour, à l'ancien refuge du Couvercle, bâtiment alors en bois. En poussant la porte, le tableau qu'il découvre – surréaliste – a des allures de Cène d'altitude. Parmi les dix personnes rassemblées autour de la table figure en effet une bonne partie des plus grands alpinistes du moment : Walter Bonatti, Pierre Mazeaud, Gary Hemming et René Desmaison. « C'était incroyable ! Mon père ne les connaissait pas, mais moi, oui ! J'avais vu leurs photos dans des magazines... » Au cours de cette soirée, il fait la connaissance d'Ulysse Borgeat, le gardien du refuge, surnommé « le papa des alpinistes », et de sa légendaire marmotte, montée sur la table, au milieu des convives. L'animal semble particulièrement affectueux avec Bonatti, provoquant une pique de son ami Mazeaud : « On voit que tu as du succès avec les femmes ! » lui dit-il. « Bonatti était un brigand avec les femmes : il était très sûr de lui, de ses capacités de séduction ; il regardait une femme avec la certitude de l'avoir ! Il était intenable. » Paolo se souvient du départ de Bonatti à deux heures du matin, qui s'apprêtait à réaliser l'ascension des Courtes : en ouvrant la porte, l'alpiniste italien remarque cet adolescent qui l'observe avec un regard admiratif, fasciné. « Il faut que tu profites de ce moment en montagne... » lui dit-il, avant de s'évanouir dans l'obscurité.

Le lendemain, souhaitant le dégoûter de l'escalade, son père l'accompagne au bureau des guides de Chamonix afin de réaliser une course difficile. Ce sera la fissure Mummery, au Grépon, qu'il grimpera avec un certain... Gaston Rébuffat. « Ce nom ne disait rien à mon père, mais je le connaissais, bien sûr... Je me suis dit : Mon Dieu, j'ai de la chance ! Grimper avec un mythe ! » Contrairement à ce que son père espère, l'ascension se déroule magnifiquement : mince, léger, le jeune homme est en grande forme et donne entière satisfaction à son guide, qui lui dédicacera un de ses livres. « Mon papa a compris qu'il avait perdu sa bataille ! » Pendant une quinzaine d'années, Paolo va grimper tous azimuts, gravissant des voies très exigeantes, notamment dans les Dolomites, son terrain de jeu, dont il apprécie les formes et les couleurs. En 1972, il y réalise une première sur la paroi est du Pale di San Martino, ainsi que sur la face nord du monte Agner, avec Enzo Cozzolino, légende de l'alpinisme triestin. Il aime chercher une ligne, l'imaginer, puis, quand il se trouve sur la paroi, devoir s'adapter à la montagne, au-delà du rêve, au-delà de ce que l'on imaginait quand on se trouvait encore en bas...

Sa frénésie verticale fait feu de tout bois. Cette même année 1972, alors qu'il étudie l'histoire à Cambridge, où il soutiendra sa thèse, il se lie d'amitié avec deux grimpeurs anglais. « Ils étaient encore plus fous que moi et avaient même produit un topo-guide clandestin avec le tracé des voies et les cotations des bâtiments publics qu'ils grimpaient de nuit. Je me suis dit : voilà mes hommes ! » La petite bande, qui se réunit au café Mitchum's corner, ira notamment grimper au pays de Galles, sur l'île d'Anglesey. « Les Anglais sont très rudes : ils mangent des choses qui pour nous, Italiens et Français, paraissent immangeables ! Mais ils étaient très sympas, très ironiques... » Un jour, l'un des trois larrons tombe amoureux d'une jolie Polonaise, professeure sur le campus. Comment lui déclarer sa flamme ? Solidaires, ses comparses escaladeront l'une des deux aiguilles de la King's Chapel, haute de 60 mètres, afin d'y fixer une grande banderole où était écrit « Mrs D. est d'une beauté incroyable ! » « Les journaux londoniens ont parlé de notre exploit le lendemain, montrant une photo de notre banderole ! Elle est restée en place plusieurs jours : on ne trouvait personne capable de monter là-haut pour la décrocher... »

Paolo Rumiz repense à cette période de sa vie avec un frisson rétrospectif. « J'ai risqué de mourir plusieurs fois, j'étais fou ! À cet âge, on n'a pas la sensation du danger... J'ai arrêté autour de la trentaine, après la naissance de mon fils. Je me suis dit : J'ai un enfant, maintenant je ne grimpe plus... » Sans renier l'escalade et les plaisirs qu'elle lui a procurés, il abandonne la «mystique du sommet» qui l'accompagnait à ses débuts pour découvrir peu à peu d'autres façons d'arpenter le monde – vélo, marche, voile ou encore canoë. Voyageur avide de rencontres, il délaisse peu à peu la pierre, la froideur des falaises au profit de l'humain. Que ce soit dans son métier de journaliste ou dans ses périples personnels, il va à la rencontre de l'Homme, au carrefour de l'histoire et de la géographie, ces deux axes qui façonnent le destin. Envoyé spécial au journal *Il Piccolo*, de Trieste, puis à *La Repubblica*, il couvre en 1986 les événements de la zone balkanique et du Danube (dont il est un spécialiste mondialement reconnu). Plus tard, pendant la dissolution de l'ex-Yougoslavie, il suit en première ligne le conflit de la Croatie, puis celui de la Bosnie-Herzégovine. En novembre 2001, il se trouve à Islamabad pour couvrir l'attaque des États-Unis en Afghanistan. Il réalise par ailleurs de nombreux voyages, combinant travail et plaisir, qui nourriront ses reportages, puis ses livres (une douzaine à ce jour, couronnés par de nombreux prix littéraires, dont cinq ont été traduits en français).

À partir de 2001, il effectue chaque été, en août, un périple d'un mois qu'il raconte quotidiennement dans *La Repubblica*. Il parcourt par exemple à vélo les 2000 kilomètres séparant Istanbul de Trieste, suit les traces du leader carthaginois Hannibal Barca en Méditerranée, ou encore celles de Giuseppe Garibaldi. Parmi ses trajets marquants: un voyage vertical de 6000 kilomètres, en bus, train et auto-stop, depuis la Laponie finlandaise jusqu'à Odessa, dont il a tiré un livre magnifique, *Aux frontières de l'Europe*[1], qui porte la littérature de voyage à son plus haut niveau. Au-delà de l'ex-rideau de fer, il rencontre des populations témoignant de davantage de fraternité, de communication et de curiosité. «L'endroit où je me trouve en ce moment est le centre,

1. Hoëbeke, 2011.

écrit-il. Le ventre, l'âme du continent. Et cette âme est entièrement en dehors de cet échafaudage bureaucratique qu'on appelle l'Union européenne.» Dans ce récit poignant et d'une grande beauté, il revient sur les paradoxes du voyage et son rapport aux barrières: «Quand les frontières ont commencé à disparaître et que la rhétorique de la mondialisation a plongé dans la crise le sentiment d'un Ailleurs, lentement, par esprit de contradiction, j'ai senti croître en moi la nostalgie d'une vraie frontière, comme celles d'autrefois, avec les douaniers au regard torve, les bagages passés au crible et le silence tendu devant l'homme qui tenait votre passeport.» «Comme le formule très justement Régis Debray, ajoute Paolo, une bonne frontière est le meilleur antidote à la multiplication des murs.»

La Légende des montagnes qui naviguent[2] relate les 8000 kilomètres qu'il a parcourus au fil des Alpes et des Apennins entre 2003 et 2006. De la baie de Kvarner, en Croatie, où commencent les Alpes, il a chevauché les deux grands ensembles montagneux de l'Europe, passant par les Balkans, la France, la Suisse, jusqu'à l'Italie. Aventure physique, mais aussi symbolique, ce voyage à travers des montagnes solitaires, écartées, est une ode aux lieux périphériques et aux êtres qui les peuplent: la montagne, qui est la grande banlieue de l'Europe, se désertifie dans un monde qui cherche toujours le centre et la côte. «Je dis souvent aux politiciens: si vous ignorez la montagne, elle descendra à la plaine, comme une banlieue en rage, un fleuve qui grossira, envahira votre monde civilisé et prendra sa vengeance!» Cette randonnée au long cours est aussi l'occasion de mettre en lumière la chaîne des Apennins, colonne vertébrale de l'Italie, trop souvent ignorée au profit des Alpes. Montagnes d'antan encore primitives, autrefois très riches, les

2. Arthaud, 2017.

Apennins, rappelle Paolo Rumiz, constituent depuis des milliers d'années le cœur de l'identité italienne. Or, note-t-il, furieux, les habitants de ces régions se sentent périphériques : ils se trouvent au centre et sont marginalisés ! « La culture montagnarde est en déclin en Italie où, en l'absence de transmission entre les générations, les habitants de ces territoires ne connaissent plus la montagne et, parfois même, ont honte d'être montagnards. »

Grand lecteur de Nicolas Bouvier, Mario Rigoni Stern et Claudio Magris, Paolo Rumiz, aujourd'hui âgé de soixante-dix ans, habite toujours Trieste, dans un vieil immeuble autrichien bâti en 1910. Depuis ses fenêtres, au-delà de la mer, il aperçoit les pointes des Tre Cime, sommets emblématiques des Dolomites. Dès qu'il le peut, il part marcher pour un ou plusieurs jours, adorant passer d'un pays à un autre et entendre de nouvelles langues. « Trieste était une ville claustrophobe il y a encore dix ans : on avait la frontière avec l'ex-Yougoslavie, qui a disparu en décembre 2007. Moi, je ne l'ai jamais vécu comme ça, mais plutôt comme une invitation au voyage… » Souvent associée à l'écriture, la marche, qui l'a accompagné toute sa vie, est riche de plaisirs et d'enseignements… Quand on gravit une pente, explique-t-il, on écrit d'une autre manière que lorsqu'on se trouve sur le plat. Le rythme de la montée s'apparente à celui du dactyle, le vers grec, tandis que sur la plaine et les collines, on adopte un rythme iambique, qui est plus long… La métrique, en somme, devient le vers, le vers devient poésie, la poésie devient… musique.

David Vann

Écrivain

Décembre 2016

Rapprocher un distrait et un habitué des grands espaces, dont la boussole se détraque en ville, est parfois hasardeux. Nous nous étions donné rendez-vous dans le hall de la gare de Euston, à Londres, où, théoriquement, nous devions nous appeler. Manque de chance, mon portable ne fonctionnait pas de ce côté de la Manche... Après plusieurs tentatives infructueuses, j'ai tenté d'apercevoir mon interlocuteur parmi la foule, compacte, de ce milieu de journée. Néant. J'ai senti monter la panique et, à tout hasard, me suis rendu à l'accueil où une jeune femme compatissante a lancé un appel au micro. Toujours rien. J'allais repartir, dépité, lorsque David Vann a fait enfin son apparition, un immense sourire aux lèvres. Nous avons bravé la foule et nous nous sommes retrouvés à l'extérieur, sur une esplanade bordée par une galerie commerçante. Cet espace de verre et d'acier à la géométrie parfaite, agrégeant vitrines, néons multicolores, est gardé en permanence: la statue de Robert Stephenson, fameux ingénieur des chemins de fer et des locomotives, ainsi que je l'apprendrais plus tard, veille sur les visiteurs. Après un moment d'hésitation, David a opté pour *Ed's*, un restaurant rétro. C'est dans cet îlot américain imitant les «dîners» des années 1950, entre hamburgers, milkshakes et chansons de jukebox, que nous avons remonté le temps.

Pour David Vann, né en 1966 en Alaska, où son père était dentiste sur une base militaire, la montagne a d'abord fait partie du quotidien. Ses premiers souvenirs se situent à Ketchikan, non loin de la frontière canadienne, où il a passé sa prime enfance. Il décrit un paysage de fjords dont les reliefs, qui n'excèdent pas 900 mètres d'altitude, plongent directement dans l'eau. « Nous habitions la dernière maison au bout de la rue, et les montagnes commençaient juste après. C'était mon arrière-cour, en quelque sorte... Dans les forêts toutes proches, on pouvait rencontrer des loups, des ours, toutes sortes d'animaux sauvages... » Il se souvient de ses premières expériences de glisse, sur de tout petits skis, et surtout des longues promenades avec son père. « Il nous emmenait pêcher à bord d'un bateau et chasser – il chassait tout, y compris des chèvres de montagne. La montagne et la mer ont toujours compté pour moi de ce fait... » La montagne, les armes à feu, le père : synonymes de tragédie, de révolte, puis de rédemption, ces trois mots ont façonné la vie et l'œuvre littéraire de David Vann, où la nature est omniprésente. Tout jeune (on lui offre sa première carabine à plombs pour ses sept ans), il arpente les montagnes pour chasser. Pendant dix ou douze heures d'affilée, accompagné d'un chien, tenant son arme, il suit les adultes à la recherche de proies. Ces marches au long cours développent son endurance et son sens de l'orientation : contrairement aux randonnées de pur agrément, les parties de chasse obligent à s'écarter des sentiers et à s'aventurer en pleine nature. « J'ai été habitué très tôt à savoir me repérer en montagne, où je me sens chez moi. Mon cerveau mémorise chaque rocher, chaque arbre, je sais tout le temps où je me trouve – contrairement à la ville où tout paraît identique. Je peux me perdre à quelques pâtés de maison en ville ! Mon éditeur français s'étonne toujours que je ne retrouve pas le chemin jusqu'à mon hôtel quand je viens ici ! Je n'ai aucun point de repère. »

Cette capacité à s'orienter s'avère utile lorsqu'il commence à randonner hors du cercle familial. L'année de ses quatorze ans, il effectue un camp d'été dans le Yosemite avec un YMCA[1]. Lors d'une marche en montagne, l'un des deux accompagnateurs disparaît et se… perd. David quitte le groupe, part à sa recherche et finit par retrouver le jeune homme, totalement déboussolé. « Ils m'ont proposé de devenir accompagnateur l'année suivante. C'était peut-être une forme de test pour eux : "Si vous êtes capable de retrouver votre guide, alors vous pouvez avoir son poste l'année suivante !" » Cette anecdote résume assez bien le rapport tragicomique de David Vann aux éléments. Lors de sa dernière année au lycée, il effectue une randonnée itinérante dans le Yosemite avec un groupe d'amis. Il garde un souvenir émerveillé de ces semaines en totale autonomie, constamment au-dessus de 2000 mètres, dans les hautes vallées. Pour autant, l'aspect logistique comporte certains « inconvénients ». Encore inexpérimentés, les jeunes gens ont emporté des sacs à dos d'une trentaine de kilos chacun. « C'était fou ! Et le mien était encore plus lourd parce que l'un d'entre nous avait amené une guitare, dans son étui, qu'il ne pouvait transporter et me l'a confiée. Ça m'a vacciné pour toutes mes randonnées suivantes où j'ai pris le soin d'emporter un sac le plus léger possible… »

À cette époque, David Vann s'intéresse aussi à l'escalade et à la cascade de glace. Il y puisera peur et plaisir, doté d'une rare faculté à se mettre dans le pétrin (et à se tirer d'affaire *in extremis*). Premier épisode : Devil's horn, dans le Yosemite. Il grimpe au sommet d'un immense rocher, seul et sans corde. Si l'ascension est facile, la descente s'avère plus tendue. Il ne trouve plus la voie pour redescendre et voit le temps passer. Le soleil commence à se coucher, la lumière décline. Pas après pas, il

1. Young Men's Christian Association : mouvement de jeunesse chrétien fondé en 1844 à Londres et maintenant présent dans cent vingt-quatre pays.

parvient laborieusement à rebrousser chemin. Il est obligé de se suspendre autant qu'il le peut afin de poser ses pieds sur le bloc inférieur. « J'étais effrayé et j'ai bien cru que j'allais mourir, que je n'y arriverais pas ! J'avais l'impression d'être sorti de mon corps et de me regarder descendre, comme si j'étais spectateur de tout ça... C'était de la pure adrénaline... » Épisode numéro deux: Shawgunks (État de New York). Il a dix-huit ans, vient d'entrer à l'université et pratique la cascade de glace – à sa façon. À nouveau seul et sans encordement, il grimpe à côté d'une cascade. Il évolue d'abord sur du rocher, puis aborde un espace monochrome. Il s'y sent bien, calme, dans le silence et la beauté. Il jette alors un regard au-dessous de lui : il se trouve à 15 mètres de hauteur, sans protection. « J'ai été choqué quand j'ai réalisé à quelle hauteur je me trouvais ! J'avais complètement perdu le sens des distances et des proportions... La glace et la neige distordaient les perspectives. Cette expérience m'a effrayé et j'ai arrêté la cascade de glace immédiatement après ! » Épisode numéro trois : l'apprentissage. Échaudé par ces incidents, il se décide à prendre des cours et s'inscrit dans un club d'escalade. Sage décision, mais dont les résultats seront discutables. David apprend les techniques d'encordement et pratique l'escalade sur falaise, en second, en moulinette. Il progresse, prend de l'assurance, jusqu'au drame. Durant la même journée, il assiste à deux accidents graves : juste au-dessus de lui, un jeune homme dont la corde s'est rompue fait une chute de 60 mètres... Peu après, un autre grimpeur éjecté de la paroi atterrira sur un arbre, s'y blessant gravement... « Ça a commencé à m'effrayer. J'ai réalisé que ce club n'était pas rigoureux : on vous faisait grimper avec n'importe qui, sans connaître les compétences et le niveau de chacun... » Il arrête l'escalade pendant un temps mais reprend lors de sa deuxième année universitaire, à Stanford. Intégré dans une bande de grimpeurs chevronnés, il continue l'escalade en falaise et découvre le bloc, qu'il pratique en Californie, dans l'Oregon ou encore dans l'État de

Washington. « J'ai vraiment adoré l'escalade, même si j'étais loin d'être aussi fort qu'eux, et aussi téméraire : certains escaladaient les immeubles de l'université où ils avaient dessiné des voies et établi des cotations ! Ils ont fini par avoir des ennuis... »

David a beaucoup d'histoires de ce type à raconter. En montagne, bien sûr, mais aussi en mer, où il a essuyé des tempêtes et connu un naufrage à bord d'un bateau qu'il avait lui-même construit. Ce qui frappe, en l'écoutant, c'est son sens de l'autodérision, son apparent détachement et, surtout, le rire tonitruant accompagnant chacune de ses mésaventures. En compulsant le dossier de presse, lorsque je préparais mon entretien, j'avais trouvé curieux qu'on mentionne systématiquement ce rire aux accents juvéniles. Mes confrères avaient-ils bu un euphorisant ? S'étaient-ils trompés de bande sonore ? Empreints d'une tension parfois pesante, les livres de David Vann sont peu marqués par le burlesque. De quoi ce rire, marquant une foi inébranlable dans l'existence, est-il donc l'antidote ? La réponse remonte à 1979. Cette année-là, ses parents divorcent. Il vient vivre avec sa mère et sa sœur en Californie, à Santa Rosa. Son père, qu'il rejoint chaque été, est resté en Alaska. Un jour, il propose à son fils de le rejoindre et de passer un an avec lui. David refuse. Quinze jours après, la famille reçoit un coup de téléphone : son père s'est tiré une balle dans la tête. On peut tenter d'imaginer, sans bien sûr y parvenir, tous les sentiments qui ont tenaillé cet adolescent de treize ans. Honte, culpabilité, colère, dégoût... Il devient insomniaque et, pendant des années, dira à tout le monde que son géniteur est mort d'un cancer. Devenu adulte, il revendra toutes les armes de son père ainsi que ses domaines de chasse, et commencera à écrire. Il lui faudra dix ans pour achever son premier livre, *Sukkwan Island*[2], dont la traduction française, couronnée par le

2. Gallmeister, 2010.

prix Médicis étranger, remportera un immense succès en France. Ce roman se situe sur une île isolée de l'Alaska, où un homme, accompagné de son fils de treize ans, vient s'installer pour un an dans une cabane isolée. Rien ne se passe comme prévu, jusqu'à l'irréparable – une détonation qui infléchit le cours de l'histoire et qu'on ne racontera pas ici. Tous les lecteurs de ce roman sont restés sidérés devant une page bien précise, peinant à croire ce qu'ils lisaient. Ce texte, qui nous plonge dans un milieu sauvage magnifiquement décrit, débute un cycle romanesque dédié à l'enfance, aux questions familiale et identitaire. Portés par une langue nerveuse et poétique, ces livres, comme autant de mondes parallèles, interrogent ce qui n'est pas advenu : que se serait-il passé si son père n'avait pas porté l'arme à sa tempe ? Que serait devenu David Vann s'il avait continué à manier des armes ? Cette question porte le quatrième ouvrage de cette période, *Dernier jour sur Terre*[3], qui relate le parcours de Steve Kazmierczak. Le 14 février 2008, ce jeune homme de vingt-sept ans s'est rendu armé dans une université de l'Illinois où, avant de se donner la mort, il a tué cinq personnes et en a blessé dix-huit autres. David Vann a enquêté pendant des mois, mené de nombreuses interviews pour comprendre comment un tel drame avait pu se produire. Mêlant récit, reportage et autobiographie, ce livre glaçant questionne la société américaine. L'Amérique, constate l'auteur, est dans le déni total en ce qui concerne le contrôle des armes à feu ; elle fabrique des meurtriers de masse dans sa culture même... David Vann a tenté de mobiliser l'opinion contre le commerce des armes, le rôle néfaste de la NRA[4]. En vain. Découragé par l'indifférence et l'hostilité de ses concitoyens, il a quitté définitivement les États-Unis.

Grand voyageur (il revenait du Vietnam lorsque je l'ai rencontré), il vit aujourd'hui la moitié de l'année en Nouvelle-Zélande,

3. Gallmeister, 2014.
4. National Rifle Association.

où il possède une maison bâtie entre mer et montagne. «Les paysages sont époustouflants ici, sauvages et grandioses... J'ai randonné dans les îles du sud, où se trouvent les plus hautes montagnes. On découvre à intervalles réguliers des refuges non gardés (les *cabins*) qui évitent d'emporter trop d'affaires dans son sac...» S'il a lu beaucoup de récits liés à l'Everest et aux pionniers de l'alpinisme, David Vann est indifférent à l'idée du sommet ou de la conquête – la haute altitude représente pour lui la mort, la souffrance. Il préfère évoluer à des altitudes raisonnables, dans de bonnes conditions, seul. «Je n'aime pas randonner avec quelqu'un d'autre, surtout si je dois le voir devant moi (derrière, c'est moins grave). Je tiens aussi à ne voir aucune trace de civilisation, route, bâtiment, etc. Je veux avoir l'impression de voyager dans le temps, d'être à l'écart du monde contemporain...» Sa randonnée idéale s'effectue à la journée, sur une dizaine d'heures. Partir seul, au petit matin, avec un vêtement léger et un paquetage réduit au minimum: bouteille d'eau, barres de fruits, coupe-vent... Monter aussi haut que possible et l'on s'installe pour déjeuner. Une fois que c'est chose faite, redescendre dans la lumière de fin de journée, libre et léger. «La marche en milieu naturel, comme le note Bruce Chatwin dans *Le Chant des pistes*, est une activité profondément humaine. On s'y sent vraiment soi-même, libéré des contraintes et des tensions sociales où il faut souvent composer, tricher, dissimuler ses émotions. On est vivant, bercé par ses propres rêves, ses propres pensées...»

L'œuvre de David Vann s'inscrit dans la tradition américaine d'écriture des grands espaces, qui trouve ses racines chez les poètes romantiques anglais Wordsworth, Blake ou Coleridge. Elle a été illustrée par Faulkner, Thoreau, Flannery O'Connor, Elisabeth Bishop et, plus récemment, Annie Proulx et Cormac McCarthy... Parfois sous-estimée, cette écriture de la ature, autrement appelée *nature writing*, constitue d'après David Vann la plus grande tradition littéraire américaine. «Le public n'en a pas toujours conscience, car les éditeurs sont à New York, et ils laissent croire que les romans urbains sont les plus importants – c'est faux.» Si la nature est un lieu de pratique et une source d'inspiration chez David Vann, celui-ci ne lui prête aucune vertu morale particulière. La nature n'est pas bonne par principe, rappelle-t-il. «Contrairement aux romantiques qui lui prêtaient une forme d'innocence, de bonté originelle, je la vois comme un espace neutre. Lire un paysage montagnard ou maritime revient à se regarder dans un miroir. Comme devant un test de Rorschach[5], on ne découvrira jamais que soi-même...»

5. Le test de Rorschach (ou psychodiagnostic) est un outil clinique d'évaluation psychologique. Il consiste en une série de planches où sont dessinées des taches symétriques qui sont proposées à la libre interprétation de la personne évaluée. Une fois analysées en profondeur, les réponses fournies serviront à évaluer les traits et les lignes de force qui organisent la personnalité du sujet.

Olivier Weber

Écrivain et grand reporter

Septembre 2014

« La montagne a été pour moi une porte de rêve, d'évasion et d'espérance dans une enfance chaotique », confie Olivier Weber. Son berceau montagnard est le massif du Mercantour, au pied duquel il a grandi. Il est adolescent lorsque sa mère, qui l'élève seule avec ses frères et sœur, s'installe à Breil-sur-Roya, un petit village d'altitude situé près de Saorge, à 60 kilomètres de Nice. Le lieu n'a rien de forcément idyllique : encaissé, humide, sans horizon. Comme le note mon interlocuteur, dans ce type d'endroit, qui peut être pire qu'une banlieue, on ne voit pas la montagne mais... les voisins ! Pour autant, les sommets ne sont pas loin et, dès la prime adolescence, Olivier va découvrir les plaisirs de la marche en montagne, souvent seul. Il apprécie d'abord la beauté des paysages, dans lesquels il puise une envie d'ailleurs et de voyages qui marqueront toute sa vie, mais aussi le goût de l'effort. Même s'il se combine avec une douleur physique, ce dernier n'est pas synonyme de masochisme, mais plutôt d'un bonheur jubilatoire : le plaisir simple, une fois parvenu au col, de déguster une tablette de chocolat ou un sandwich – récompense des heures de marche – tout en admirant la vue. « Ce goût de l'effort a été très formateur pour un gamin comme moi issu d'un milieu pauvre, qui crevait de faim. Cette expérience m'a vraiment aidé, structuré... Ça a été très positif ! » Très tôt, alors qu'il est interne à Nice, Olivier doit travailler pour financer ses études. Il exercera toute une série de métiers (berger en montagne, éleveur de chevaux, ouvrier du bâtiment, garçon d'étage, garde du corps, maître-nageur, plongeur sous-marin au Sauvetage en mer) à travers lesquels il fait ses humanités. Il se souvient notamment de son expérience de pion, au lycée de Saint-Dalmas-de-Tende, à 900 mètres d'altitude, près de la frontière italienne. « Beaucoup de gamins en difficulté sociale atterrissaient là. Plutôt que de les coller, je les emmenais faire de longues marches en montagne qui leur faisaient beaucoup de bien ! »

Animé d'une soif de connaissance, d'une grande curiosité et d'une volonté sans faille, Olivier Weber va suivre des études en France et aux États-Unis, s'intéressant à de nombreuses disciplines : économie, anthropologie, droit international, langues orientales... Après avoir enseigné quelque temps, cet admirateur de Joseph Kessel, auquel il a consacré un essai[1], décide de se lancer dans le journalisme. Correspondant de guerre pour *The Sunday Times*, *The Guardian* et *Libération*, il va être nommé grand reporter au *Point*, pour lequel il couvre de nombreux conflits en Afrique (Érythrée, Soudan, Éthiopie, Tchad) ainsi qu'en Asie (Cambodge, Kurdistan, Pakistan, Afghanistan). Au fil des années, il s'intéresse plus particulièrement aux mouvements armés. Il séjourne ainsi, parfois de longs mois, avec une quinzaine de guérillas pour étayer ses enquêtes et couvre une vingtaine de conflits. Tigres tamouls au Sri Lanka, talibans en Afghanistan, *peshmergas* du Kurdistan, Front Polisario au sud du Maroc et en Algérie, Khmers rouges au Cambodge, combattants palestiniens au Moyen-Orient, rebelles du SPLA au Soudan du Sud...

1. *Kessel, le nomade éternel*, Arthaud, 2006.

Il parcourt la planète pour comprendre et témoigner, sans complaisance. Sa dénonciation du régime des talibans, notamment, ou des trafics d'êtres humains perpétrés par les Tigres tamouls, lui vaudront à plusieurs reprises des menaces de mort. En 2007, l'avion qu'il devait prendre à Jaffna pour rallier la capitale du Sri Lanka, Colombo, est sciemment abattu par les combattants du mouvement armé.

Ces nombreux reportages sur la guerre l'ont souvent envoyé dans des régions montagneuses. « La montagne a toujours été un lieu de refuge et de résistance, sous toutes les latitudes... » Et de rappeler l'importance du Vercors, pendant la Seconde Guerre mondiale, où les Allemands ont eu beaucoup de mal à déloger les résistants. Cachette idéale, les massifs montagneux sont aussi depuis l'époque d'Hannibal un lieu de passage et le cadre de nombreux trafics. Les frontières, tracées en haut des montagnes par les cartographes ou les armées en bataille, sont très souvent floues, arbitraires et... incontrôlables. De part et d'autre des sommets vivent souvent des peuples de même origine, parlant la même langue et ayant parfois des liens de famille : Pathans et Pachtounes, Pakistanais et Afghans, Savoyards et habitants du Val d'Aoste... La montagne, comme l'a constaté Olivier Weber, induit fréquemment une culture de la résistance (on contourne les droits de douane, la gabelle) qui peut occasionner des trafics de toutes natures : armes, sel et, parfois, êtres humains. « Avant les accords de Schengen, les Alpes-Maritimes, mon département, étaient un lieu important de passage de clandestins kurdes, africains et iraniens venant d'Italie. Les passeurs utilisaient les montagnes et cela provoquait parfois des drames : des gens se sont tués en tombant dans des précipices... »

Expérience physique, ces années de reportages en montagne sont avant tout une aventure humaine pour Olivier Weber. « J'ai éprouvé une foule de sensations en montagne, qui aiguise tous vos sens et affine votre regard. Je n'ai jamais été aussi heureux que lorsque je me trouvais dans la boue, en altitude, avec un paysan afghan ou un éleveur kurde... Quand on fait de la montagne, on aime comprendre les peuples qui y vivent.» Au fil de ses séjours parmi des peuples de montagne, sur tous les continents, Olivier – même s'il se méfie des généralités – a retrouvé certains traits de caractère. Le premier d'entre eux est l'esprit de résistance, voire de rébellion par rapport à la loi et aux capitales situées en plaine, qui se transmet de génération en génération... Cet irrédentisme, qui peut s'accommoder de trafics et d'une dimension tribale, s'accompagne d'une grande hospitalité. «Il y a souvent une froideur de premier abord, mais l'hospitalité lui succède vite, car quand on vit en montagne, on sait ce que valent les intempéries, le relief, le voyage...»

Parmi les peuples de montagnards, il a été marqué par les Yéménites (la majorité des villes du Yémen se situent à 1800 mètres), les Kurdes, les Érythréens et surtout les Afghans. L'Afghanistan, dont l'aspect parfois lunaire lui rappelle le Mercantour, lui tient en effet particulièrement à cœur. «J'ai été fasciné par ce pays! Tous les jours que Dieu fait, je pense à l'Afghanistan! Je crois qu'on ne s'en remet pas...» Il évoque d'abord la beauté des paysages: le Hazaradjat, dans le centre du pays, où se trouvaient les Bouddhas de Bâmiyân, les lacs en cascade de Band-e Amir, au cœur des montagnes de l'Hindou Kouch, ou encore la vallée du Panshir, au nord de Kaboul... Olivier a été touché par la tradition d'accueil et d'hospitalité locale («on vous respecte d'où que vous veniez»). Mais il déplore malheureusement les souffrances que les talibans infligent au peuple afghan depuis une vingtaine d'années. «J'ai connu un pays islamique – mais pas fondamentaliste! –, où existait une tradition orale très riche... Chaque soir, dans les villages sans télévision ni radio, un flot de paroles se déversait: parents et grands-parents racontaient de vieux contes et légendes aux enfants. Cela faisait penser au livre de Kessel, *Les Cavaliers*[2]. Et tout d'un coup, sous les talibans, c'était le silence ! Les gens avaient peur des dénonciations, même au sein des familles. Cette théocratie a écrasé toute une culture montagnarde... »

Longtemps maître de conférences à l'Institut d'études politiques de Paris où il a dispensé un cours de « Géopolitique des drogues et des guérillas », Olivier Weber est féru de littérature : Kessel, Rimbaud, Conrad, Frison-Roche, Henry de Monfreid... Ses voyages lui ont inspiré une vingtaine de livres, romans, essais, récits et enquêtes, couronnés par de nombreux prix littéraires, notamment le prix Albert Londres. Il a publié *La Confession de Massoud*[3], un roman sur le commandant qu'il a eu l'occasion de rencontrer à plusieurs reprises (il était présent à ses obsèques en septembre 2001). Conçu comme une lettre adressée à son fils, ce récit brosse un touchant portrait de ce résistant, évoquant à sa manière Che Guevara, et de son combat. Ce dernier, nous dit l'auteur qui aspire à un « Islam des Lumières », est une lutte universelle contre « les fondamentalistes qui entraînent le monde dans leur pari totalitaire ». Olivier Weber parle avec émotion de ses entretiens avec Massoud. « Il avait insisté, s'il était tué, pour être enterré sur un col, en haute montagne, entouré de sommets de 5 000 mètres... »

Témoin scrupuleux, Olivier Weber est aussi un homme d'action, citoyen engagé désireux de faire bouger les choses sur le terrain. Il a notamment participé aux opérations de sauvetage des *boat people* en mer de Chine, en 1987, soutenu les Amérindiens

2. Gallimard, 1967.
3. Flammarion, 2013.

dans leur lutte contre les trafiquants d'or, de drogues et d'armes[4], ou encore dénoncé l'impunité des Khmers rouges dans les montagnes de l'ouest du Cambodge. La parution en 1999 de son livre sur l'esclavage des enfants au Soudan[5], écrit après un voyage clandestin dans le sud du pays, a été suivie d'une enquête internationale des Nations unies à Khartoum. Ambassadeur itinérant de l'ONU depuis 2008, chargé notamment de la traite des êtres humains, Olivier Weber est aussi un acteur de l'humanitaire. Il a été vice-président d'AMI (Aide médicale internationale) et membre du bureau directeur de la Société des explorateurs (fondée par Paul-Émile Victor). Malgré ses multiples voyages (il revient d'Irak et du Caucase) et ses responsabilités, il a toujours pris le temps de partir en montagne. Randonnée, escalade, ski de randonnée... Il a effectué un trek dans l'Annapurna, sur la route du Dhaulagiri, et gravi beaucoup de sommets alpins comme le mont Bégo, le Grand Capelet et la cime du Diable, dans le Mercantour... «Je n'ai jamais fait de choses très techniques. Le ski de randonnée – qui a beaucoup de points communs avec la marche, au fond – permet une vraie communion avec la nature; on rythme son pas, on cherche la bonne adéquation entre la pente, l'effort requis et nos capacités... Et puis, il y a ce moment merveilleux de la descente, cette sensation de liberté...» Olivier Weber rêve de réaliser l'ascension du Cervin, pilier parfait, montagne mythique qui évoque pour lui le générique des studios de cinéma Paramount. À l'écouter, cependant, on a le sentiment que les sommets essentiels sont inscrits dans sa mémoire. «Je m'aperçois que ces régions de montagne dévastées par la guerre

4. Olivier Weber a monté une expédition en Amazonie et s'est aventuré sur la piste des chercheurs d'or pour dénoncer la déforestation et la destruction de la culture amérindienne. Il en a rapporté un livre, *J'aurai de l'or* (Robert Laffont, 2008) et un documentaire très remarqué et sorti au cinéma, *La Fièvre de l'or*, pour lequel lui et son équipe ont reçu plusieurs menaces.
5. *Soudan, les enfants esclaves*, Mille et une nuits, 1999.

auxquelles je suis sensible, comme l'Afghanistan, le Kurdistan, sont des références, des échos à certains paysages, certains souvenirs du Mercantour de mon enfance... »

Du même auteur

La Ville rousse, roman, Julliard, 2020 (repris en poche Arthaud, 2022)
Le RER, nos lignes de vie, essai, Robert Laffont, coll. « Nouvelles Mythologies », 2018
La Guerre de Sécession, roman, Lemieux Éditeur, 2018
Le Carrefour invisible, une chronique française, récit, Plein Jour, 2017
Cimes intérieures, portraits, Guérin, 2013 (préface de Philippe Claudel)
Un certain Pétrovitch, roman, Léo Scheer, 2011
Versants intimes, portraits, Arcadia, 2010
Nord absolu, roman, Belfond, 2009
Contretemps, roman, Flammarion, 2004
Quelqu'un marche là-haut, roman, Albin Michel, 2000
Les tirages flous ne sont pas facturés, roman, Denoël, 1998
Une fuite ordinaire, roman, Denoël, 1997
Les Draps de papier, roman, Denoël, 1994

En collaboration (entretiens) :
Franck Bouysse, *Terres d'automne*, Arthaud, coll. « Versant intime », 2023
Chantal Thomas, *L'Étreinte de l'eau*, Arthaud, coll. « Versant intime », 2023
Cécile Coulon, *Le pied à terre*, Arthaud, coll. « Versant intime », 2022
Jean-Christophe Rufin, Montagnes humaines, Arthaud, coll. « Versant intime », 2021
Bernard Minier, *Vallées secrètes*, Arthaud, coll. « Versant intime », 2021
Étienne Klein, *Psychisme ascensionnel*, Arthaud, coll. « Versant intime », 2020
Marie-Hélène Lafon, *Le Pays d'en haut*, Arthaud, coll. « Versant intime », 2019
Philippe Claudel, *Le Lieu essentiel*, Arthaud, coll. « Versant intime », 2018
Michel Butor, *La Mémoire des sentiers*, Arthaud, coll. « Versant intime », 2018

Remerciements

Toute ma reconnaissance à Chantal Tamba et Bernard Germain pour leur amitié, leurs suggestions et leurs encouragements au cours de ces années.

Merci à Marion Blanchard, Vivien Boyer, Belinda Cannone, Isabelle Chassin, Valérie Dumeige, Christophe Fournier, Alexandra Grand, Philippe Le Guay, Étienne Klein, Niels Martin, Eva Poulichet, Nicolas Raynaud et Tristan Savin.

Table des matières

Dans la même collection « Hommes et Montagnes » :

Jean-Michel Asselin, *L'Irrésistible Ascension de Sonam Sherpa*
Jean-Michel Asselin, *Nouvelles Chroniques des hauteurs*
Jean-Michel Asselin, *Patrick Berhault : un homme des cimes*
Jean-Michel Asselin, *Un mensonge à l'Everest*
Cyril Azouvi, *Une année en haut*
Yves Ballu, *La Conjuration du Namche Barwa*
Yves Ballu, *Les Alpinistes*
Yves Ballu, *L'Impossible Sauvetage de Guy Labour*
Yves Ballu, *Mourir à Chamonix*
Yves Ballu, *Naufrage au mont Blanc*
Yves Ballu, *La Possibilité du vide*
Patrick Berhault, *Encordé mais libre*
Odette Bernezat, *Que la montagne est belle !*
Toni Bernos, *Les Prisonniers de l'inutile*
Stéphanie Besson, *Trouver refuge*
Philippe Bonhème, *Yannick Seigneur, l'iconoclaste*
Émilie Brouze et Bérénice Rocfort-Giovanni, *L'Hiver en Himalaya – L'ultime défi*
Tommy Caldwell, *Push ! La Vie au bout des mains*
Emmanuel Cauchy, *Docteur Vertical*
Emmanuel Cauchy, *Médecin d'expé*
Emmanuel Cauchy, *Les Chroniques du docteur Vertical – Intégrale*
Gilles Chappaz, *En solo*
Gilles Chappaz, *Bruno Kauffmann, Le jour J.O.*
Hugues Chardonnet, Laureline Dubuy, *Les sommets sont à tous !*
Collectif, *Dictionnaire thématique des Alpes*
André Demaison, *Les Diables des volcans – Maurice et Katia Krafft*
Denis Ducroz, *Le Pont de neige*
Flore Dussey, *Tendi Sherpa*
Jean Faure, *Le Renard du Vercors*
Fernando Ferreira, *L'Alpiniste errant*
Claude Gardien, *Les Nouveaux Alpinistes*
Alain Ghersen, *Risque et alpinisme*
Alessandro Gogna et Alessandra Raggio, *Cordées célèbres*
Bernard Gorgeon, *Une vie à grimper – Du chanvre aux JO*
Gérard Guerrier, *Alpini*
Horst Höfler, *Hermann Buhl*
Christine Janin en collaboration avec Anna Véronique El Baze, *Christine Janin, Dame de pics et femme de cœur*
Are Kalvo, *Randonnée en enfer*
Guillaume Lebaudy, *Abécédaire un peu vache des alpages*
Vincent Lecarme, *Sentiers de vie, récits d'un médecin de montagne*
Djalla-Maria Longa, *Mon enfance sauvage*
Djalla-Maria Longa, *Terre courage*
Davide Longo, *Le Mangeur de pierres*
Adeline Loyau, *Les tribulations d'une scientifique en montagne*
Claude Marthaler, *Voyages sellestes*
Reinhold Messner, *Le Sur-Vivant*
Gilles Modica, *Destin d'alpinistes*
Greg Mortenson, *Trois tasses de thé*
Pierre Muller, *Secours en avalanche – Médecin, guide, secouriste, il raconte*
Louis Oreiller, Irene Borgna, *Là où l'horizon est plat, je ne tiens pas*

Dans la même collection

Marcel Pérès, *Lionel Terray, l'inoubliable conquérant*
Rainer Rettner, *Triomphe et tragédies à l'Eiger*
Françoise Rey, *Crashs au Mont-Blanc*
Martine Rolland, *Première de cordée*
Isabelle Scheibli, *Le Roman de Gaspard de la Meije*
Roberto Serafin, *Walter Bonatti, de l'homme au mythe*
François Suchel, *Liberté, foulées, fraternité*
Joe Simpson, *Aventures en paroi*
Joe Simpson, *Encordé avec des ombres*
Joe Simpson, *La Dernière Course*
Joe Simpson, *La Mort suspendue*
Joe Simpson, *Le Bruit de la chute*
Mirella Tenderini, *K2*
Mélanie Valier, *Et si tout s'arrêtait là ?*
Mélanie Valier, *Reprends ton souffle*
Beck Weathers, *Laissé pour mort à l'Everest*
Daniele Zovi, *Autobiographie de la neige – Histoires d'un monde silencieux*

Achevé d'imprimer en Espagne en août 2023 par Liberduplex S.L.U.,
sur papier provenant de forêts gérées de manière durable.